D1662295

**Fusionen**
Eine Handlungshilfe für Betriebsratsmitglieder

© 2008 ver.di Bildung + Beratung
Gemeinnützige GmbH, Düsseldorf

Autor:
Thomas Schmidt, Rechtsanwalt und Diplom-Volkswirt

4., aktualisierte Auflage
Düsseldorf, Oktober 2008

Titel und Gestaltung:
www.punkt4.eu

ISBN 978-3-931975-46-3

# Fusionen

Eine Handlungshilfe für Betriebsratsmitglieder

# Inhalt

# Inhalt

# Abkürzungsverzeichnis

| | |
|---|---|
| ABl. | Amtsblatt |
| ABl.EG | Amtsblatt der Europäischen Union |
| Abs. | Absatz |
| AG | Arbeitgeber; Aktiengesellschaft; Die Aktiengesellschaft (Zeitschrift) |
| AGG | Allgemeines Gleichbehandlungsgesetz |
| AktG | Aktiengesetz |
| AR | Aufsichtsrat |
| Art. | Artikel |
| Aufl. | Auflage |
| AuR | Arbeit und Recht (Zeitschrift) |
| BAG | Bundesarbeitsgericht |
| BB | Betriebs-Berater (Zeitschrift) |
| BetrVG | Betriebsverfassungsgesetz |
| BGB | Bürgerliches Gesetzbuch |
| BR | Betriebsrat |
| bzw. | beziehungsweise |
| DB | Der Betrieb (Zeitschrift) |
| d.h. | das heißt |
| EBR | Europäischer Betriebsrat |
| e.G. | eingetragene Genossenschaft |
| EG | Europäische Gemeinschaft; Einführungsgesetz |
| e.V. | eingetragener Verein |
| f. | folgend(e) |
| ff. | fortfolgende |
| GBR | Gesamtbetriebsrat |
| GenG | Genossenschaftsgesetz |
| ggf. | gegebenenfalls |
| GmbH | Gesellschaft mit beschränkter Haftung |
| GmbH & Co. KG | Gesellschaft mit beschränkter Haftung & Compagnie Kommanditgesellschaft |
| i.S.d. | im Sinne des/der |
| i.S.v. | im Sinne von |
| i.V.m. | in Verbindung mit |

| | |
|---|---|
| KG | Kommanditgesellschaft |
| KGaA | Kommanditgesellschaft auf Aktien |
| KSchG | Kündigungsschutzgesetz |
| | |
| LAG | Landesarbeitsgericht |
| LAGE | Entscheidungen der Landesarbeitsgerichte |
| | |
| MgVG | Gesetz über die Mitbestimmung der Arbeitnehmer bei einer grenzüberschreitenden Verschmelzung |
| m.w.N. | mit weiteren Nachweisen |
| | |
| NJW | Neue Juristische Wochenschrift (Zeitschrift) |
| Nr. | Nummer |
| NZA | Neue Zeitschrift für Arbeits- und Sozialrecht |
| NZA-RR | NZA-Rechtsprechungs-Report Arbeitsrecht |
| | |
| OHG | Offene Handelsgesellschaft |
| OLG | Oberlandesgericht |
| | |
| Rdn. | Randnummer(n) |
| | |
| S. | Seite |
| s. | siehe |
| SE | Europäische Aktiengesellschaft |
| s.o. | siehe oben |
| SGB | Sozialgesetzbuch |
| | |
| TzBfG | Teilzeit- und Befristungsgesetz |
| | |
| u.a. | und andere; unter anderem |
| UmwG | Umwandlungsgesetz |
| u.s.w. | und so weiter |
| u.U. | unter Umständen |
| | |
| VVaG | Versicherungsverein auf Gegenseitigkeit |
| | |
| WA | Wirtschaftsausschuss |
| WertpapierhandelsG | Wertpapierhandelsgesetz |
| | |
| z.B. | zum Beispiel |
| Ziff. | Ziffer(n) |

# Vorwort zur 4., überarbeiteten und aktualisierten Auflage

Fusionen sind das Resultat der ständig voranschreitenden Konzentrations-prozesse in der Wirtschaft, des Umbaus von Unternehmens- und Konzern-strukturen sowie von Unternehmensstrategien. Nicht selten ist auch die Rede von Übernahmeschlachten, bei denen Unternehmen gegen den Willen ihres Managements übernommen werden. Die Beweggründe für Fusionen reichen von der Vergrößerung des Marktanteils über die Erzielung von Rationalisierungsgewinnen (Synergieeffekte) bis hin zu Steuerersparnissen. Gelegentlich geht es auch einfach um die Ausschlachtung eines der beiden Unternehmen. Fusionen betreffen alle Branchen und Unternehmensgrößen. Häufig sind sie Teil eines größeren Gesamtkonzepts, in welchem sowohl Unternehmensaufspaltungen* wie auch Fusionen vollzogen werden. Invest-mentbanken, ohne die größere Unternehmenszusammenschlüsse oft nicht denkbar wären, gehören zu den großen Profiteuren von Fusionen.

Fusionen haben Auswirkungen auf verschiedenen Ebenen. In der Gesamtwirtschaft und in der Branche haben sie Einfluss auf die Wett-bewerbssituation in den betroffenen Branchen. In den betroffenen Betrieben sind sie fast immer mit Arbeitsplatzvernichtung und zumindest vorüber-gehendem Verlust von Interessenvertretungsstrukturen verbunden. Darüber hinaus können sie auch zu Einkommensverlusten und zum Verlust weiterer Leistungen für die Arbeitnehmer/-innen führen. Fusionen stellen daher die Interessenvertretungen der Arbeitnehmer/-innen vor schwer zu bewältigen-de Aufgaben.

Mit diesem Arbeitsheft sollen insbesondere Betriebsräte in die Lage versetzt werden, ihre Handlungsmöglichkeiten bei Fusionen besser ein-schätzen zu können. In dieser Auflage wurden die zwischenzeitlichen Ände-rungen des BetrVG, des UmwG (grenzüberschreitende Verschmelzung) und der Rechtsprechung berücksichtigt. Es werden auch die Neuregelungen des „Gesetzes über die Mitbestimmung der Arbeitnehmer/-innen bei einer grenz-überschreitenden Verschmelzung" (MgVG) vom 21.12.2006 angesprochen.

---

*    Zum Thema „Spaltung von Unternehmen und Betrieben" ist bei ver.di b+b ein weiteres Buch von Thomas Schmidt erschienen (Düsseldorf, 4. Aufl. 2006).

# A Der Begriff Fusion

## 1 Verschiedene Formen des Zusammenwirkens von Unternehmen

1       In der wirtschaftlichen Praxis sind verschiedene Formen des Zusammenwirkens von Unternehmen bekannt:

▶ *Kooperationen* von Unternehmen derselben Branche zur Einsparung von Gemeinkosten, zur wechselseitigen Nutzung von Know-how oder zur Bündelung von Einkaufsmacht. Die Anzahl von Kooperationsverträgen soll in den letzten Jahren zugenommen haben. Gegenüber Fusionen haben sie den Vorteil, dass sie sich nur auf einzelne Unternehmensaktivitäten beziehen und die Eigenständigkeit des Unternehmens ansonsten unberührt lassen.

▶ *Kartelle (z.B. Preisabsprachen, Gebietsabsprachen)* von Unternehmen derselben Branche zur Stärkung ihrer Marktmacht. Bekannt wurden z.B. Kartelle im Bausektor, im Mineralölsektor, im pharmazeutischen Sektor sowie im Energiesektor im Zusammenhang mit unzulässigen Preisabsprachen.

▶ *Anteilserwerb* von Unternehmen derselben Branche oder anderer Branchen. An die Stelle von Sachinvestitionen treten in zunehmendem Maße Finanzinvestitionen. Ergebnis ist die allgemein zu beobachtende Konzentration in der Wirtschaft. Unternehmen werden nicht mehr dadurch größer, dass sie mehr verkaufen, sondern dadurch, dass sie andere Unternehmen aufkaufen. Auf den Aufkauf folgt häufig eine konzerninterne Fusion.

▶ *Fusionen/Verschmelzungen*
Nur bei einer Fusion geht zumindest eines der beteiligten Unternehmen völlig unter, indem es sein gesamtes Vermögen auf ein anderes Unternehmen überträgt.

      Mit der grenzüberschreitenden Fusion, die nach der nationalen Umsetzung der europäischen Fusionsrichtlinie auch in Deutschland möglich geworden ist, steht den Unternehmen ein weiteres rechtliches Instrument des Zusammenwirkens bzw. der problemloseren Verlagerung von Vermögen über die Grenzen hinweg zur Verfügung.

## 2 Verschiedene Begriffe

2       In den deutschen unternehmensrechtlichen Vorschriften wird in diesem Zusammenhang nicht der Begriff „Fusion", sondern „Verschmelzung" verwendet. Das deutsche und europäische Kartellrecht verwendet den Begriff

„Zusammenschluss", der allerdings noch andere Formen des Zusammenwirkens von Unternehmen umfasst. Im Betriebsverfassungsgesetz ist bezogen auf Betriebe und Unternehmen ebenfalls vom „Zusammenschluss" die Rede (§ 106 Abs. 3 Ziff. 8 BetrVG). Es existieren also verschiedene Begriffe für den gleichen Vorgang:

▶ *Fusion = Verschmelzung = Zusammenschluss*

In der Umgangssprache, aber auch in der wirtschaftlichen Fachsprache wird häufig der Begriff „Fusion" verwandt.

Im *Unternehmensrecht* ist immer das Gleiche gemeint: *Zwei oder mehrere rechtlich selbstständige Unternehmen werden durch Verschmelzung zu einem Unternehmen.*

Um dies zu erreichen, müssen
▶ bestimmte Rechtsgeschäfte abgeschlossen werden
▶ organisatorische Maßnahmen für die praktische Umsetzung getätigt werden.

3    Das *Betriebsverfassungsrecht* enthält keine eigene Definition des „Zusammenschlusses". Es wird in der Regel auf die unternehmensrechtliche Definition zurückgegriffen: *Zwei organisatorisch selbstständige Betriebe/Unternehmen werden durch Zusammenschluss zu einem Betrieb/Unternehmen.*

Um dies zu erreichen, müssen organisatorische Maßnahmen für die praktische Umsetzung getätigt werden. Die Verschmelzung von zwei Unternehmen wird im Ergebnis oft auch zum Zusammenschluss einzelner Betriebe dieser beiden Unternehmen führen. Dies muss aber nicht die Konsequenz sein. Häufig führen Verschmelzungen von Unternehmen vielmehr dazu, dass Betriebe oder Teile von Betrieben stillgelegt werden.

## 3 Grenzüberschreitende Fusionen

3a    Seit Ende 2006 sind in Deutschland Fusionen zwischen Unternehmen im Inland und Unternehmen im EU-Ausland möglich. Die Änderung beruht auf der Europäischen Fusionsrichtlinie von 2005.

Die notwendigen gesetzlichen Bestimmungen sind in den §§ 122a–122l UmwG und im neuen MgVG enthalten. Die Vorschriften des UmwG enthalten vorwiegend unternehmensrechtliche Bestimmungen, ergänzt durch Informationspflichten gegenüber dem Betriebsrat bzw. den

Arbeitnehmerinnen/Arbeitnehmern. Zusätzlich gelten auch für grenzüberschreitende Fusionen die allgemeinen Vorschriften des UmwG sowie die entsprechenden Vorschriften im UmwG für die Verschmelzung von Aktiengesellschaften, GmbHs und der KGaA.

Das MgVG soll in erster Linie den Erhalt der Mitbestimmung in den beteiligten Unternehmen durch Verhandlung oder durch Anwendung einer gesetzlichen Auffangregelung sicherstellen.

Für Arbeitnehmer/-innen und ihre Interessenvertretung erschweren diese neuen Regelungen eine rechtliche Gegenwehr gegen die mit der Verschmelzung verfolgten arbeitnehmerbezogenen Unternehmensziele. Die neuen Informations- und Beteiligungsrechte werden dies nicht kompensieren.

# 4 Der Schwerpunkt dieses Arbeitshefts

4 Der Schwerpunkt dieses Arbeitshefts liegt auf dem Thema „Fusion bzw. Verschmelzung von Unternehmen". Da beide Begriffe gleichbedeutend sind, werden sie hier auch parallel benutzt. Auf das Thema „Zusammenschluss von Betrieben" wird nur eingegangen, soweit dies im Zusammenhang mit der Verschmelzung von Unternehmen von Bedeutung ist. Dieses Arbeitsheft konzentriert sich auf die Handlungsmöglichkeiten der Betriebsräte und der Arbeitnehmervertreter/-innen in Aufsichtsräten. Mindestens genauso wichtig sind ergänzend dazu die gewerkschaftlichen Handlungsmöglichkeiten, die hier nicht im Detail beschrieben werden sollen. Allen Betriebsräten kann nur empfohlen werden, sich die nötige gewerkschaftliche Unterstützung zu organisieren.

Auf grenzüberschreitende Fusionen wird an den entsprechenden Stellen verwiesen. Eine ausführliche Darstellung kann hier nicht erfolgen.

# B Die wirtschaftliche und unternehmensrechtliche Seite von Fusionen

## 1 Unternehmerische Zielsetzungen

5          Je nach Unternehmensrechtsform, je nach Branche und je nach wirtschaftlicher Lage der beteiligten Unternehmen wird die eine oder andere Form (s.o.) des Zusammenwirkens den Vorständen der beteiligten Unternehmen geeigneter erscheinen. Einer der am häufigsten genannten Gründe für Fusionen sind die sogenannten Synergieeffekte. Damit sind insbesondere Einsparmöglichkeiten als Ergebnis des Zusammenschlusses gemeint (z.B. Wegfall einer von zwei Verwaltungen).

Der Deutsche Genossenschafts- und Raiffeisenverband e.V. nennt u.a. folgende Gründe für Fusionen:

▶ höheres Eigenkapital und höhere Umsatzbasis schaffen bessere Voraussetzungen für Investitionen
▶ rationellere Ausnutzung von Kapazitäten
▶ günstigere Handelsspanne durch größere Mengenabschlüsse
▶ größere Leistungsfähigkeit durch sinnvolle Arbeitsteilung
▶ bessere Voraussetzungen für längerfristige Finanzplanung
▶ größere Unabhängigkeit von Einzelinteressen
▶ verbesserte Möglichkeiten der Aus- und Weiterbildung.

6          Die Genossenschaftsverbände unterstützen daher die Verschmelzung von Genossenschaften und liefern Hinweise für „organisationspolitisch und betriebswirtschaftlich zweckmäßige Verschmelzungen". Auch Banken als Berater von Geschäftskunden sehen in Fusionen eine Form der Sanierung von Unternehmen. Im Genossenschaftssektor bildet häufig die Erreichung betriebswirtschaftlich optimaler Betriebsgrößen einen Hintergrund für Fusionsentscheidungen. In anderen Wirtschaftssektoren erfolgen Fusionen auch noch aus anderen Gründen, z.B.:

▶ Vergrößerung des Marktanteils
▶ Verdrängung von Konkurrenten
▶ organisatorische Zusammenführung von Unternehmen mit identischer Aufgabenstellung in einem Konzern (häufig im Anschluss an den Erwerb der Gesellschaftsanteile eines Unternehmens)
▶ Steuervorteile.

7    Fusionen sind für die beteiligten Unternehmen immer mit großen wirtschaftlichen Risiken verbunden. Nach einer Expertenstudie der Wirtschaftsprü-
fungsgesellschaft Ernst & Young aus dem Jahr 2006, in der über einen
Zeitraum von 16 Jahren Fusionen in Deutschland analysiert wurden, scheitern 50 % aller Fusionen, insbesondere an Managementfehlern. Nur jede
dritte Fusion erbringe die erwünschte Wertsteigerung.

    Ein häufiger Managementfehler besteht darin, allein in der Unter-
nehmensgröße schon die Garantie für mehr Erfolg zu sehen. Insbesondere
von Aufsichtsräten und Wirtschaftsausschüssen sind Fusionsvorhaben des
Vorstands daher sehr sorgfältig und kritisch zu hinterfragen.

## 2 Die unternehmensrechtliche Seite von Fusionen

### 2.1 Fusionen: eine steuerbegünstigte Form der Vermögensübertragung

8    Unternehmensrechtlich ist eine Fusion die Übertragung des gesamten Vermögens eines oder mehrerer Unternehmen im Wege der Gesamtrechtsnachfolge (die Vermögensgegenstände brauchen also nicht einzeln übertragen zu
werden) auf ein anderes Unternehmen. Die Gesellschafter des übertragenden Unternehmens erhalten im Gegenzug Gesellschafteranteile an dem übernehmenden Unternehmen.

    Mit Wirksamwerden des Verschmelzungsvertrags gehen über:

▶ das Vermögen
▶ die Schulden
▶ alle Rechte und Pflichten aus Verträgen, einschließlich der Arbeitsverträge
(soweit die Arbeitnehmer/-innen nicht widersprechen)
▶ alle Rechte und Pflichten aus öffentlich-rechtlichen Rechtsverhältnissen
(also gegenüber Behörden und Gerichten).

9    Der besondere steuerrechtliche Vorteil dieser Form der Vermögensübertragung besteht darin, dass im Gegensatz zur Einzelrechtsnachfolge die
stillen Reserven im Anlagevermögen (insbesondere bei Grundstücken) nicht
aktiviert werden müssen und insofern die darin enthaltenen Gewinne nicht
zu versteuern sind. Dafür dürfen eventuelle Verluste oder Verbindlichkeiten
bei der übertragenden Gesellschaft genutzt werden, um die Steuern bei der
übernehmenden Gesellschaft zu mindern. Auch Umsatzsteuer fällt bei dieser
Form der Vermögensübertragung nicht an.

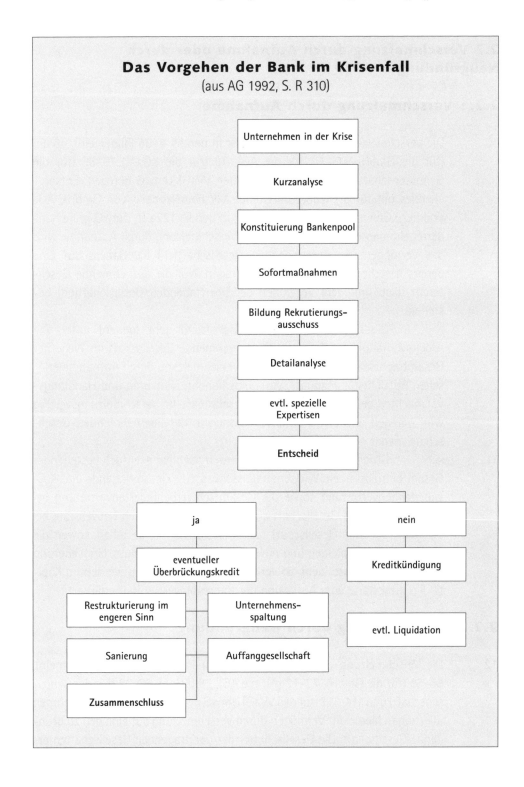

# Das Vorgehen der Bank im Krisenfall
(aus AG 1992, S. R 310)

## 2.2 Verschmelzung durch Aufnahme oder durch Neugründung

### 2.2.1 Verschmelzung durch Aufnahme

10 Die Verschmelzung durch Aufnahme ist in den §§ 4–35 (allgemein), 46–55 (für die GmbH), 60–72 (für die AG), 78 (für die KGaA), 79–95 (für die Genossenschaften) und 110–113 (für den VVaG) UmwG geregelt. Entsprechendes gilt für grenzüberschreitende Verschmelzungen von GmbHs, AGs und der KGaA innerhalb der EU, soweit in den §§ 122a ff. UmwG keine Sonderregelungen enthalten sind. Bei der Verschmelzung durch Aufnahme wird das Vermögen der übertragenden Gesellschaft(en) als Ganzes auf eine bereits bestehende Gesellschaft übertragen. Nur die aufnehmende Gesellschaft bleibt mit dem Vermögen der übertragenden Gesellschaft(en) bestehen.

Die übertragende(n) Gesellschaft(en) geht (gehen) unter. Die Arbeitsverhältnisse gehen auf die aufnehmende Gesellschaft im Wege der Gesamtrechtsnachfolge über. Mit der Verschmelzung durch Aufnahme erlöschen Aufsichtsratsmandate, Vorstandsmandate, Prokuren und Handlungsvollmachten bei der übertragenden Gesellschaft. Im Verschmelzungsvertrag wird geregelt, inwieweit diese Funktionen in der übernehmenden Gesellschaft wieder neu entstehen sollen.

11 Durch die Verschmelzung werden auch ein eventuell bestehender Gesamtbetriebsrat, ein Wirtschaftsausschuss, eine Gesamtjugend- und Auszubildendenvertretung sowie die Gesamtschwerbehindertenvertretung bei der übertragenden Gesellschaft aufgelöst. Dagegen bleiben Betriebsräte bei der übertragenden Gesellschaft nach der Übernahme bestehen, soweit die Betriebe erhalten bleiben und nicht durch Zusammenschluss, Eingliederung oder Stilllegung ihre Identität verlieren. Einzelheiten dazu werden im Kapitel F „Fortbestand oder Auflösung der Interessenvertretung" erläutert.

### 2.2.2 Verschmelzung durch Neugründung

12 Die Verschmelzung durch Neugründung ist in den §§ 36–38 (allgemein), 56–59 (für die GmbH), 73–77 (für die AG), 78 (KGaA), 96–98 (für die Genossenschaft) und 114–117 (für den VVaG) UmwG geregelt. Mehrere Unternehmen übertragen hierbei ihr Vermögen durch Verschmelzung auf eine neu zu gründende Gesellschaft. Die Gesellschafter der übertragenden Gesellschaften er-

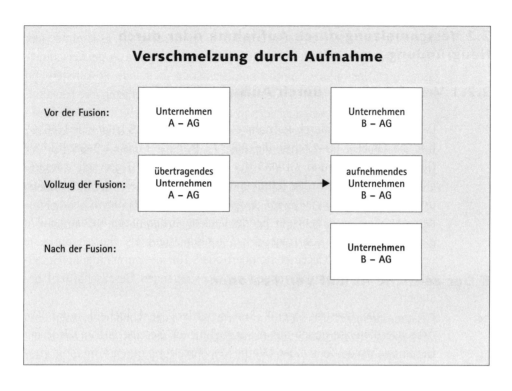

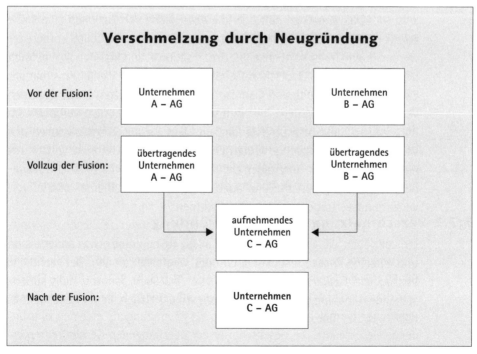

halten hierfür Anteile an der neu gegründeten Gesellschaft. Es kommen hier die gleichen steuerrechtlichen Vorteile zur Anwendung wie bei der Verschmelzung durch Übernahme. Sämtliche Aufsichtsräte, Vorstände, Prokuristen und Handlungsbevollmächtigte in den alten Gesellschaften verlieren ihre Funktion.

13         Im Verschmelzungsvertrag wird geklärt, inwieweit sie diese Funktion in der neuen Gesellschaft wieder erhalten. Die Arbeitsverhältnisse der Arbeitnehmer/-innen aller beteiligten Gesellschaften werden im Wege der Gesamtrechtsnachfolge auf die neue Gesellschaft übertragen. Die Gesamtbetriebsräte, Wirtschaftsausschüsse, Gesamtjugend- und Auszubildendenvertretung sowie die Gesamtschwerbehindertenvertretungen in allen beteiligten Unternehmen sind mit der Verschmelzung aufgelöst. Sie müssen in den übertragenden Unternehmen neu errichtet werden.

## 3 Der zeitliche Ablauf von Fusionen

14         Fusionen ereignen sich nicht von heute auf morgen, sondern müssen vom Vorstand rechtzeitig vorbereitet und geplant werden. Von der ersten Überlegung des Vorstands bis zum rechtlichen und organisatorischen Vollzug der Fusion können oft Jahre vergehen. Am schnellsten werden in der Regel konzerninterne Fusionen abgewickelt.

15         Das UmwG enthält über die Abwicklung von Fusionen eine Reihe von Vorschriften. Die Fusionen müssen vom Vorstand gründlich vorbereitet werden durch Wirtschaftlichkeits-, Organisations- und Marktanalysen. Nach dem Handbuch des Deutschen Genossenschafts- und Raiffeisenverbandes e.V. zur Verschmelzung von Genossenschaften (5. Auflage, S. 53) beginnen Verschmelzungsabsichten „... – nach Vorabstimmung mit dem Verband – im Allgemeinen mit einem unverbindlichen Meinungsaustausch zwischen den Vorständen (der beteiligten Unternehmen), wobei im weiteren Verlauf zur näheren Information Unterlagen (Jahresabschlüsse, Geschäftsberichte, Lageberichte, Prüfungsberichte und auch Angaben zu den Dienst- und Altersversorgungsverträgen) ausgetauscht werden."

16         Im Einzelnen wird sich die Fusion in mehreren zeitlichen Abschnitten vollziehen, wobei sich von Fall zu Fall die Reihenfolge etwas ändern kann und einzelne Punkte hinzukommen oder wegfallen können. Der rechtliche Vollzug von Fusionen verzögert sich zum Teil auch dadurch, dass außenstehende Aktionäre gegen den Fusionsbeschluss klagen. In der Regel geht es dabei um die Höhe der Abfindung.

### Ablaufschema einer Fusion

17 ▶ *Erste Phase (Vorbereitung)*

Die Unterrichtung der Interessenvertretung muss zu jedem der hier aufge-
führten Punkte erfolgen (s. Kapitel E 1). In der Praxis erfolgt die Unterrichtung des Gesamtbetriebsrats allerdings häufig erst kurz vor der Eintragung
der Verschmelzung ins Handelsregister. Eine solch späte Unterrichtung verstößt gegen die gesetzlichen Bestimmungen.

▷ 1. Problemanalyse, welche als eine mögliche Problemlösung eine Fusion mit
anderen Unternehmen ergibt

▷ 2. Auswahl möglicher Fusionspartner

▷ 3. Beratungen der Unternehmensleitung mit dem Gesamtbetriebsrat
(Betriebsrat) über einen Interessenausgleich

▷ 4. Abstimmung mit dem Aufsichtsrat (soweit vorhanden) über die weitere
Vorbereitung der Fusion

▷ 5. Kontaktaufnahme und Informationsaustausch mit Fusionspartnern

▷ 6. Gegebenenfalls Abschluss eines Kooperationsvertrags (bis zur Durchführung der Fusion)

▷ 7. Offizielle Unterrichtung der Arbeitnehmer/-innen (ist vom Gesetz vorgeschrieben)

▷ 8. Entwicklung eines Wirtschaftlichkeitskonzepts für ein fusioniertes Unternehmen und Klärung folgender Fragen:
   - Art der Fusion (durch Aufnahme/durch Neugründung)
   - aufnehmendes/übertragendes Unternehmen
   - künftiger Firmenname
   - künftige Unternehmensorganisation
   - künftige Standorte (Hauptverwaltung, Zweigniederlassungen)
   - Personalbedarf nach der Fusion
   - künftige Besetzung von Aufsichtsrat, Vorstand, Prokuristen, Handlungs-
   bevollmächtigten
   - Austauschverhältnis für Gesellschafter der übertragenden Gesellschaft(en)
   - „Angleichung" des Personal- und Sozialbereichs (Entgelt, soziale Leistungen usw.)
   - Terminplan

▷ 9. Abschluss von „freiwilligen" und erzwingbaren Betriebsvereinbarungen
bzw. Interessenausgleichen und Sozialplänen mit den Gesamtbetriebsräten (Betriebsräten), gegebenenfalls Abschluss eines Verschmelzungs-
folgentarifvertrags

▷ 10. Erarbeitung eines Verschmelzungsvertrags

▷ 11. Erarbeitung und Abschluss von Verschmelzungsberichten für die Gesellschafter der beteiligten Unternehmen (Verschmelzungsvertrag, Umtauschverhältnis, Höhe der Barabfindung)

▷ 12. Verschmelzungsprüfung (in der Regel durch Wirtschaftsprüfer).

18 ▶ *Zweite Phase (notwendige rechtliche Schritte)*

▷ 1. Vorlage des Verschmelzungsvertrags (Entwurf) an den Gesamtbetriebsrat (Betriebsrat) wenigstens einen Monat vor der Beschlussfassung der Gesellschafter

▷ 2. Beschlussfassungen der Gesellschafter der beteiligten Unternehmen

▷ 3. Anmeldung der Verschmelzung zur Eintragung im Handelsregister/Genossenschaftsregister

▷ 4. Eintragung und Bekanntmachung (und damit arbeitsrechtliches Wirksamwerden) der Verschmelzung im Handelsregister.

19 ▶ *Dritte Phase (Umsetzung)*

▷ 1. Organisatorischer Vollzug der Verschmelzung (eine Hauptverwaltung, Schließung „überflüssiger" Filialen/Geschäftsstellen, Realisierung weiterer Synergieeffekte)

▷ 2. Hinzuwahl von Vertretern/Vertreterinnen für den Gesamtbetriebsrat, u.U. Neuwahl der/des GBR-Vorsitzenden und der Stellvertreterin/des Stellvertreters, Neubesetzung der Ausschüsse

▷ 3. Je nach Einzelfall: Neuwahl der Arbeitnehmervertreter/-innen im Aufsichtsrat.

*Hinweis:*
*Die Reihenfolge der einzelnen Punkte kann sich in der Praxis verschieben.*

# C Die Bedeutung von Fusionen für die Arbeitnehmer/-innen

## 1 Allgemeine Bedeutung

20    Die positiven betriebswirtschaftlichen Effekte, die mit Fusionen verbunden sein können, dürfen nicht darüber hinwegtäuschen, dass Unternehmenszusammenschlüsse für eine erhebliche Anzahl von Arbeitnehmerinnen/ Arbeitnehmern auch Nachteile mit sich bringen können. Dazu gehört insbesondere auch der mögliche Verlust des Arbeitsplatzes.

Selbst wenn der überwiegende Teil der beteiligten Arbeitnehmer/ -innen zunächst keine oder nur wenige Nachteile zu erwarten hat, kennt jede Fusion früher oder später auch ihre Verlierer/-innen. Bei bevorstehenden Fusionen werden die Betriebsräte und die Gewerkschaften alle Hände voll zu tun haben, um sicherzustellen,

▶ dass Arbeitsplätze, Einkommen und sozialer Besitzstand sowie Schutzvorschriften so weit wie möglich erhalten bleiben

▶ dass unzumutbare Versetzungen entweder vermieden werden oder unter Ausgleich sämtlicher Nachteile erfolgen

▶ dass alle beteiligten Betriebsräte und Gewerkschaften zusammenarbeiten

▶ dass keine betriebsratslosen Zeiten eintreten.

21    Daneben wird ein eventuell bestehender Wirtschaftsausschuss und ein eventuell bestehender Aufsichtsrat darauf zu achten haben, dass die angeblichen Vorteile der Fusion tatsächlich realisiert werden. Es soll schließlich auch Fusionen geben, die sich im Nachhinein als wirtschaftlich sinnlos oder sogar nachteilig erweisen.

Die gesamtwirtschaftliche Wirkung von Fusionen ist umstritten. Die einen meinen, dass durch den voranschreitenden Konzentrationsprozess in der Wirtschaft die Marktwirtschaft zunehmend in eine Wirtschaftsordnung ohne bzw. mit zu wenig Wettbewerb umgewandelt wird. Die anderen meinen, dass durch Fusionen der Wettbewerb zwischen den Unternehmen gestärkt werden kann, weil die fusionierten Unternehmen dem Wettbewerb der noch größeren Unternehmen besser gewachsen sind. Da beide Auffassungen unter bestimmten Voraussetzungen richtig sind, führt dies im Ergebnis zu einer voranschreitenden Monopolisierung der Märkte.

22    ## Chancen und Risiken von Fusionen

Es muss jeweils im konkreten Fall von den Interessenvertretungen geprüft werden, welche Chancen und Risiken tatsächlich zu erwarten sind.

▶ *Mögliche Chancen*
▷ mehr Umsatz
▷ größerer Marktanteil
▷ bessere Einkaufskonditionen
▷ mehr Finanzkraft
▷ mehr Konkurrenzfähigkeit
▷ Rationalisierungspotenzial
▷ Steuervorteile.

▶ *Mögliche Risiken*
▷ Addition von Verlusten, Verbindlichkeiten
▷ höhere Anforderungen an die Arbeitnehmer/-innen
▷ Verlust von Arbeitsplätzen
▷ Einkommensverlust für Arbeitnehmer/-innen
▷ Besitzstandsverlust für Arbeitnehmer/-innen
▷ Verlust der Geltung von Tarifverträgen
▷ vorübergehende Auflösung von Gremien der Interessenvertretung der Arbeitnehmer/-innen (BR, GBR, WA, AR).

## 2 Rechtliche Wirkung von Fusionen auf die Arbeitsverhältnisse – § 613a BGB

23    Alle Arbeitsverhältnisse bei den übertragenden Gesellschaften gehen auf die aufnehmende Gesellschaft im Wege der Gesamtrechtsnachfolge (§ 20 UmwG) über. Dies gilt auch bei grenzüberschreitenden Fusionen und ist eine automatische Rechtsfolge. Es braucht also nicht besonders ausgehandelt zu werden. Dennoch kann es nicht schaden, eine klarstellende Absprache darüber zu treffen, dass die Arbeitsverhältnisse nach § 613a BGB übergehen.

24          Darüber hinaus regelt § 324 UmwG, dass § 613a Abs. 1 und 4 BGB durch die Wirkung der Eintragung einer Verschmelzung unberührt bleibt. Die Anwendung des § 613a BGB ist damit für Verschmelzungen zwingend vorgeschrieben. Auf keinen Fall sollten anlässlich des Betriebsübergangs neue Arbeitsverträge abgeschlossen werden. Die bisherigen Arbeitsverträge gelten unverändert weiter. Beim Abschluss neuer Arbeitsverträge droht das Risiko,

dass diese Verschlechterungen gegenüber den bisherigen Arbeitsverträgen enthalten. Wenn der neue Arbeitgeber die übernommenen Arbeitsverträge ändern will, muss er dies mit den Arbeitnehmerinnen/Arbeitnehmern vereinbaren. Falls die Arbeitnehmer/-innen eine Veränderung ablehnen, kann er versuchen, diese durch eine Änderungskündigung nach § 2 KSchG durchzusetzen. Die Änderungskündigung durch den Arbeitgeber ist jedoch nur unter sehr engen Voraussetzungen zulässig. Die vom Arbeitgeber angebotene Änderung der Arbeitsbedingungen kann von den betroffenen Arbeitnehmerinnen/Arbeitnehmern innerhalb von drei Wochen unter dem Vorbehalt angenommen werden, dass die Änderung der Arbeitsbedingungen nicht sozial ungerechtfertigt ist. Es lohnt sich daher, die Erfolgsaussichten einer Klage prüfen zu lassen. Diese ist allerdings ebenfalls nur innerhalb von drei Wochen nach Zugang der Änderungskündigung möglich.

25 Soweit in den übergehenden Betrieben Betriebsvereinbarungen galten und die Betriebe nach dem Übergang erhalten bleiben, gelten auch die Betriebsvereinbarungen unverändert fort (s. Rdn. 82 ff.). Gesamtbetriebsvereinbarungen gelten auf jeden Fall für die übergehenden Betriebe als lokale Betriebsvereinbarung fort, wenn sie gemäß § 50 Abs. 2 BetrVG im Auftrag der Betriebsräte abgeschlossen wurden (s. Rdn. 78 ff.). Gesamtbetriebsvereinbarungen, die der Gesamtbetriebsrat gemäß § 50 Abs. 1 BetrVG in eigener Zuständigkeit abgeschlossen hat, gelten nach der neueren Rechtsprechung ebenfalls in den übergehenden Betrieben nach der Verschmelzung als lokale Betriebsvereinbarung fort (BAG, Beschluss vom 18. 9. 2002 – 1 ABR 54/01). Inwieweit das auch dann gilt, wenn im aufnehmenden Unternehmen ein Gesamtbetriebsrat besteht, ist rechtlich umstritten. Möglicherweise gehen Gesamtbetriebsvereinbarungen in den übergehenden Betrieben dann als kollektive Normen unter, wenn in dem aufnehmenden Unternehmen Gesamtbetriebsvereinbarungen nach § 50 Abs. 1 BetrVG zum gleichen Regelungsgegenstand gelten.

26 Soweit Betriebsvereinbarungen nicht als kollektive Regelung fortgelten (wenn z.B. im Zuge des organisatorischen Vollzugs der Verschmelzung die betriebliche Identität untergeht), werden sie gemäß § 613a Abs. 1 Satz 2 BGB Bestandteil des Arbeitsverhältnisses, sofern nicht in dem aufnehmenden Betrieb Vereinbarungen zur gleichen Thematik gelten. Solche Betriebsvereinbarungen, die Teil des Arbeitsvertrags werden, können erst nach Ablauf eines Jahres zum Nachteil der Arbeitnehmer/-innen geändert werden. Erst nach Ablauf dieser Frist kann der Arbeitgeber den Arbeitnehmerinnen/Arbeitnehmern eine Verschlechterung vorschlagen. In

diesem Fall gelten die allgemeinen Grundsätze zur Änderung von Arbeitsverträgen (s.o.).

27  Soweit für die übertragende Gesellschaft ein Tarifvertrag galt, gilt dieser auch für die übernehmende Gesellschaft, sofern diese dem abschließenden Arbeitgeberverband angehört. Dies wird bei Verschmelzungen häufig der Fall sein. Soweit für die übertragende Gesellschaft ein Firmentarifvertrag abgeschlossen wurde, gilt dieser nach dem Übergang für die übergehenden Arbeitnehmer/-innen weiter (BAG, Urteil vom 24.6.1998 – 4 AZR 208/97, BB 1998, S. 1537).

28  Sollte der bisher anzuwendende Tarifvertrag für die übernehmende Gesellschaft nicht gelten, wird der Tarifvertrag für die Arbeitnehmer/-innen der übertragenden Gesellschaft gemäß § 613a Abs. 1 Satz 2 BGB Bestandteil des Arbeitsvertrags. Nur soweit für Arbeitnehmer/-innen und Arbeitgeber im aufnehmenden Unternehmen ein anderer Tarifvertrag gilt, gilt der bisherige Tarifvertrag auch als Bestandteil des Arbeitsvertrags nicht mehr weiter. In diesem Zusammenhang kann es darauf ankommen, ob Arbeitnehmer/-innen gewerkschaftlich organisiert sind, in welcher Gewerkschaft sie organisiert sind und ob der Tarifvertrag möglicherweise für allgemeinverbindlich erklärt worden ist.

29  Der Übergang der Arbeitsverhältnisse auf die aufnehmende Gesellschaft erfolgt nur, wenn die Arbeitnehmer/-innen damit einverstanden sind. Jede Arbeitnehmerin/Jeder Arbeitnehmer hat theoretisch die Möglichkeit, dem Übergang des Arbeitsverhältnisses zu widersprechen. Bei der Verschmelzung besteht bei einem Widerspruch jedoch die Problematik, dass zwar der Übergang des Arbeitsverhältnisses auf die aufnehmende Gesellschaft nicht erfolgt, der ursprüngliche Arbeitgeber allerdings nach Eintragung der Verschmelzung im Handelsregister nicht mehr existiert. Widersprechende Arbeitnehmer/-innen müssen daher mit betriebsbedingter Kündigung rechnen.

30  Selbst Betriebsratsmitglieder müssen damit rechnen, dass ihnen im Falle des Widerspruchs der besondere Kündigungsschutz nach § 15 KSchG nicht hilft (BAG, Beschluss vom 18.9.1997 - 2 ABR 15/97, DB 1998, S. 210 ff.). Während das Betriebsratsmitglied beim Übergang mit dem Betrieb sein Betriebsratsamt behält, verliert es dieses durch den Widerspruch vom Zeitpunkt des Betriebsübergangs an. Arbeitnehmer/-innen können auch nicht automatisch davon ausgehen, dass sie in diesem Fall eine Abfindung erhalten. Auch Leistungen aus einem Interessenausgleich oder Sozialplan werden nur erfolgen, wenn dies für solche Fälle vorgesehen ist (BAG, Urteil

vom 19. 2. 1998 - 6 AZR 367/96, DB 1998, S. 2224 ff.). Der Betriebsrat wird daher möglicherweise versuchen, im Interessenausgleich und Sozialplan für den Fall des Widerspruchs besondere Verfahrens- und Schutzregelungen zu vereinbaren (s. Rdn. 129 ff.).

31 Damit die betroffenen Arbeitnehmer/-innen eine Entscheidungs-grundlage haben, ob sie den Übergang ihres Arbeitsverhältnisses akzeptieren wollen oder ob sie ihm widersprechen, sind der bisherige Arbeitgeber oder der neue Inhaber gesetzlich durch § 613a Abs. 5 BGB verpflichtet, bestimmte Mindestinformationen in Textform zu liefern. Dazu gehören:

▶ der Zeitpunkt oder der geplante Zeitpunkt des Übergangs
▶ der Grund für den Übergang
▶ die rechtlichen, wirtschaftlichen und sozialen Folgen des Übergangs für die Arbeitnehmer/-innen
▶ die hinsichtlich der Arbeitnehmer in Aussicht genommenen Maßnahmen.

32 Die Formalitäten des Widerspruchs sind in § 613a Abs. 6 BGB geregelt. Der Widerspruch muss schriftlich erfolgen. Er muss spätestens einen Monat nach dem Zugang der Unterrichtung durch das Unternehmen an die Arbeit-nehmer/-innen erklärt werden. Allerdings sollten der alte und der neue Arbeitgeber auch nicht zwangsläufig davon ausgehen, dass „Menschen-handel" im Wege der Fusion uneingeschränkt möglich ist. Wenn den Arbeit-nehmerinnen/Arbeitnehmern der übertragenden Gesellschaft keine ausrei-chenden Garantien für den Erhalt ihres Besitzstands zugesichert werden, haben sie auch die Möglichkeit, dem Übergang ihrer Arbeitsverhältnisse gemeinsam zu widersprechen. Auf diese Weise könnte u.U. die Position des Gesamtbetriebsrats (Betriebsrats) beim Aushandeln von Interessenausgleich und Sozialplan gestärkt werden.

33 Grundsätzlich ist § 613a BGB als wichtige Schutzvorschrift für Arbeitnehmer/-innen zu verstehen, deren Arbeitsverhältnisse im Rahmen eines Betriebsübergangs mit übergehen sollen. Dieser Schutz ist allerdings sowohl von der Sache her wie auch zeitlich beschränkt. Daraus ergibt sich in der Praxis häufig die Notwendigkeit für die Betriebsräte, zusätzliche Schutz-regelungen mit dem Arbeitgeber, insbesondere im Interessenausgleich und im Sozialplan, zu vereinbaren. Einzelheiten hierzu werden unten im Abschnitt H „Schutz der Arbeitnehmer/-innen vor den Nachteilen von Fusionen" erläu-tert (s. Rdn. 129 ff.).

34    **Die Schutzwirkung des § 613a BGB**

▶ *Übergang der Arbeitsverhältnisse mit allen Rechten und Pflichten*

▷ Die Arbeitsverhältnisse gehen mit allen vertraglich vereinbarten Rechten und Pflichten auf die aufnehmende Gesellschaft über (dies gilt auch bei grenzüberschreitenden Fusionen).

▷ Eine Kündigung wegen des Betriebsübergangs ist unzulässig (aus betriebsbedingten Gründen bleibt sie zulässig und wird nach der Fusion oder eventuell schon vorher auch häufig vorgenommen).

▷ Der Arbeitgeber bzw. der neue Inhaber sind zur ausführlichen Unterrichtung der Arbeitnehmer/-innen über den geplanten Übergang verpflichtet.

▷ Die Arbeitnehmer/-innen können dem Übergang schriftlich widersprechen (Risiko !!!).

▶ *Betriebliche Übung*

▷ Ansprüche aus betrieblicher Übung bestehen auch gegenüber dem aufnehmenden Unternehmen.

▶ *Anwartschaften auf betriebliche Altersversorgung*

▷ Verfallbare und unverfallbare Anwartschaften auf betriebliche Altersversorgung bestehen nach dem Betriebsübergang gegenüber dem aufnehmenden Unternehmen.

▶ *Betriebszugehörigkeitszeiten*

▷ Bisherige Betriebszugehörigkeitszeiten müssen vom aufnehmenden Unternehmen voll anerkannt werden, ohne dass dies ausdrücklich vereinbart werden muss.

▶ *Individualansprüche aus Betriebsvereinbarungen*
   *(soweit die Betriebsvereinbarung nicht als kollektive Regelung übergeht)*

▷ Individualansprüche aus Betriebsvereinbarungen, die nicht als kollektive Regelung übergehen, werden Bestandteil des Arbeitsvertrags (ohne dass es dazu einer schriftlichen Vereinbarung bedarf, sofern im aufnehmenden Betrieb keine Betriebsvereinbarung zum gleichen Thema existiert (soweit der Betrieb nach dem Übergang erhalten bleibt, gelten Betriebsvereinbarungen insgesamt fort).

▶ *Individualansprüche aus Gesamtbetriebsvereinbarungen*
   *(soweit die Gesamtbetriebsvereinbarung nicht als lokale kollektive Regelung fortgilt)*

▷ Individualansprüche aus Gesamtbetriebsvereinbarungen, die nicht als lokale kollektive Regelung fortgelten, werden Bestandteil des Arbeitsvertrags, sofern im aufnehmenden Unternehmen keine Gesamtbetriebsvereinbarung zum gleichen Thema existiert.

▶ *Tarifvertragliche Individualansprüche*
*(soweit der Tarifvertrag nicht gegenüber dem aufnehmenden Unternehmen gilt)*
▷ Individualansprüche aus Tarifverträgen werden Bestandteile des Arbeitsvertrags, soweit für den aufnehmenden Betrieb kein anderer Tarifvertrag zum gleichen Thema existiert.

▶ *Freiwillige, widerrufliche soziale Leistungen*
*(z.B. Zuschuss zum tariflichen Weihnachtsgeld)*
▷ Freiwillige, widerrufliche soziale Leistungen gehen nicht „automatisch" über, sondern können vom übernehmenden Unternehmen ebenso widerrufen werden wie beim übertragenden Unternehmen.

Auch bei grenzüberschreitenden Fusionen kommt § 613a BGB uneingeschränkt zur Anwendung. In der praktischen Anwendung werden sich jedoch noch zahlreiche Sonderprobleme ergeben, so z.B. beim grenzüberschreitenden Betriebsübergang.

## 3 Die Risiken für die Arbeitnehmer/-innen

35 Wenn in diesem Abschnitt nur die Risiken von Fusionen für die Arbeitnehmer/-innen erwähnt werden, soll damit nicht bestritten werden, dass Fusionen aus Arbeitnehmersicht auch positive Wirkungen haben können. Aufgabe der Betriebsräte ist es jedoch, die Arbeitnehmer/-innen vor eventuellen Nachteilen zu schützen. Deshalb ist die Kenntnis der Risiken notwendig.

## 3.1 Verlust des Arbeitsplatzes

36 Die nur begrenzte Schutzwirkung des § 613a BGB hat zur Folge, dass Arbeitsverhältnisse bei Vollzug der Fusion auf die aufnehmende Gesellschaft übergehen und Arbeitnehmer/-innen nicht wegen des Betriebsübergangs gekündigt werden dürfen. Sowohl die übertragende als auch die aufnehmende Gesellschaft können jedoch gemäß § 613a Abs. 4 Satz 2 BGB aus

anderen, z.B. betriebsbedingten Gründen kündigen. Wenn sich die übertragende Gesellschaft vor der Fusion in wirtschaftlichen Schwierigkeiten
befindet (häufig ist dies der Anlass für eine Fusion), dann könnten diese
Schwierigkeiten Grund für eine betriebsbedingte Kündigung sein. Es wird
insbesondere Sache des Wirtschaftsausschusses und der Arbeitnehmer-
vertreter/-innen im Aufsichtsrat sein, herauszufinden, ob solche wirtschaftlichen Schwierigkeiten tatsächlich bestehen oder nur vorgetäuscht sind.

37      Nach Vollzug der Fusion ist noch stärker mit der Reduzierung von
Arbeitsplätzen zu rechnen. Der Vorstand der aufnehmenden Gesellschaft hat
trotz des § 613a BGB durchaus die Möglichkeit, „Rationalisierungsgewinne"
und „Synergieeffekte" zu realisieren. Dies gilt insbesondere für die Bereiche,
in denen nach Vollzug der Fusion „Überkapazitäten" entstanden sind, z.B.
in:

▶ der Verwaltung
▶ Filialen, Geschäftsstellen mit gleichem Absatzgebiet oder gleicher Kunden-
struktur.

Außerdem kann durch die größere Dimension des fusionierten Unternehmens zusätzlicher Technikeinsatz möglich werden, der weitere Rationalisie-
rungsmöglichkeiten eröffnet. Dadurch können weitere Arbeitsplätze gefährdet werden. Die volle Wirkung einer Fusion auf die Arbeitsverhältnisse wird
nur verständlich, wenn man bei der Fusion nicht nur den rein rechtlichen
Vorgang der Verschmelzung berücksichtigt, sondern auch den wirtschaftlichen und organisatorischen Vollzug der Fusion, der in der Regel nach dem
rechtlichen Vollzug folgt.

38   ▶ *Wichtiger Hinweis*
     ▷ Eine Gefährdung der Arbeitsplätze besteht für alle an der Fusion beteiligten
Unternehmen, nicht nur für die übertragenden Gesellschaften. Die Auswahl
der „Fusionsgewinner" durch die beteiligten Vorstände bzw. durch den Vorstand der fusionierten Gesellschaft erfolgt nach wirtschaftlichen Überlegungen und vielleicht auch nach persönlichen Interessen der beteiligten
Vorstandsmitglieder. Die Arbeitnehmer/-innen der übernehmenden Gesellschaft können also nicht blind darauf vertrauen, dass ihre Arbeitsplätze
sicher sind. Sie können sich auch nicht darauf verlassen, dass die Auswahl
der „Fusionsgewinner" nach sozialen Kriterien vorgenommen wird.

## 3.2 Einkommensverlust

39 Die Zahlung des Arbeitsentgelts kann aufgrund
- ▶ des Tarifvertrags
- ▶ der (Gesamt-)Betriebsvereinbarung
- ▶ des Arbeitsvertrags (einschließlich Gewohnheitsrecht)
- ▶ einer freiwilligen, rechtlich unverbindlichen Entscheidung des Arbeitgebers
- ▶ von gesetzlichen Bestimmungen erfolgen.

In der Praxis handelt es sich häufig um eine Mischung aus diesen verschiedenen Rechtsgrundlagen.

40 Die Verschmelzung kann insbesondere für die Arbeitnehmer/-innen der übertragenden Gesellschaften mit Einkommensverlusten verbunden sein. Hintergrund dafür können u.a. folgende Umstände sein:

- ▶ Im aufnehmenden Unternehmen gilt für Unternehmen und Arbeitnehmer/-innen ein *ungünstigerer Tarifvertrag.* Dann greift die Schutzwirkung des § 613a BGB nicht.

- ▶ Im aufnehmenden Unternehmen *gilt kein Tarifvertrag.* Dann gilt die Schutzwirkung des § 613a BGB ein Jahr nach Vollzug der Verschmelzung nur noch eingeschränkt. Es gilt dann der allgemeine Schutz des Arbeitsrechts. Nach der Jahresfrist kann der Arbeitgeber die Regelung zwar nicht einseitig ändern. Er kann aber versuchen, eine Änderungskündigung auszusprechen. Häufig geschieht dies mit dem Argument der „Gleichbehandlung". Ob eine Änderungskündigung zulässig ist, sollte im Einzelfall von Expertinnen/Experten geprüft werden.

- ▶ *Übertarifliche Leistungen* wurden im übertragenden Unternehmen ohne rechtliche Verpflichtung gezahlt. Dann ist das aufnehmende Unternehmen nicht daran gebunden.

- ▶ *Für Leistungsentgelt* gilt im aufnehmenden Unternehmen eine *ungünstigere Gesamtbetriebsvereinbarung.* Dann greift die Schutzwirkung des § 613a BGB nicht.

- ▶ Die Regelung für *Leistungsentgelt* ist weder im übertragenden noch im aufnehmenden Unternehmen über eine Gesamtbetriebsvereinbarung bzw. Betriebsvereinbarung abgesichert, sondern nur im Arbeitsvertrag. Dann kann der Arbeitgeber die Regelung zwar nicht einseitig ändern. Er kann aber versuchen, eine Änderungskündigung auszusprechen. Häufig geschieht dies mit dem Argument der „Gleichbehandlung". Ob eine Änderungskündigung zulässig ist, sollte im Einzelfall von Expertinnen/Experten geprüft werden.

## 3.3 Einbußen von sozialem Besitzstand

41    Auch die übrigen sozialen Leistungen können aufgrund von Tarifvertrag, (Gesamt-)Betriebsvereinbarung, Arbeitsvertrag (einschließlich Gewohnheitsrecht) oder aufgrund freiwilliger, rechtlich unverbindlicher Entscheidung des Arbeitgebers erfolgen. In der Praxis handelt es sich häufig um eine Mischung aus diesen verschiedenen Rechtsgrundlagen. Aus denselben Gründen wie beim Einkommen können die Arbeitnehmer/-innen im Ergebnis der Fusion auch Einbußen bei den übrigen sozialen Leistungen erleiden.

## 3.4 Verschlechterung der Arbeitsbedingungen

42    Viele Arbeitsbedingungen sind häufig rechtlich nicht abgesichert (z.B. Arbeitsintensität, Berichtspflichten, Qualifizierungsmöglichkeiten, Beurteilungswesen). Auch wenn es nicht das Hauptziel der Fusion sein wird, die Arbeitsbedingungen zu verschlechtern, kann dies im Ergebnis dennoch der Fall sein. Eine Verschlechterung kann dadurch eintreten, dass in einem der beteiligten Unternehmen die Bedingungen schlechter sind und daher aus Gründen der „Gleichbehandlung" eine Angleichung erfolgt. Ein weiterer Grund kann darin bestehen, dass der Vorstand nach Vollzug der Fusion gegenüber den Kapitaleignern gerne „Synergiegewinne" vorweisen möchte. Nachteile dieser Art können in allen beteiligten Unternehmen eintreten.

## 3.5 Ungünstigere berufliche Entwicklungsmöglichkeiten

43    Die beruflichen Entwicklungsmöglichkeiten hängen u.a. von den Rahmenbedingungen in den jeweiligen Unternehmen ab. Die Unternehmensgröße, die wirtschaftliche Lage, berufliche Förderung durch das Unternehmen, aber auch persönliche Kontakte spielen hierbei eine Rolle. Ob und bei wem die Fusion eine Verbesserung oder Verschlechterung bewirken kann, wird sich nur im konkreten Einzelfall feststellen lassen.

## 3.6 Sonstige Nachteile

44    Ein häufiger Nachteil von Fusionen für die Arbeitnehmer/-innen sind Versetzungen aufgrund der organisatorischen Umstellungen. Für die betroffenen Arbeitnehmer/-innen sind Versetzungen häufig die einzige Chance, in dem fusionierten Unternehmen überhaupt ihren Arbeitsplatz zu erhalten.

45 ▶ *Versetzung*

▷ *Versetzung i.S.d. BetrVG* ist die Zuweisung eines anderen Arbeitsbereichs (anderer Arbeitsort oder andere Tätigkeit), die voraussichtlich die Dauer von einem Monat überschreitet, oder die mit erheblichen Änderungen der Umstände verbunden ist, unter denen die Arbeit zu leisten ist (§ 95 Abs. 3 BetrVG). Der Arbeitgeber muss vor Durchführung der Versetzung zunächst die Zustimmung des Betriebsrats nach § 99 BetrVG einholen.

▷ *Versetzung i.S.d. Individualarbeitsrechts* ist jede Veränderung des Arbeitsbereichs, die nicht durch den Arbeitsvertrag im Voraus abgedeckt ist. Der Arbeitgeber benötigt für solche Änderungen neben der oben beschriebenen Zustimmung des Betriebsrats auch die Zustimmung der betroffenen Arbeitnehmer/-innen. Soweit der Arbeitsvertrag solche Veränderungen durch einseitige Entscheidung des Arbeitgebers zulässt, handelt es sich um die Ausübung des Weisungsrechts. Auch hierbei darf der Arbeitgeber den betroffenen Arbeitnehmerinnen/Arbeitnehmern jedoch keine unbilligen Nachteile zufügen.

46 ▶ *Eine Versetzung ist danach nur zulässig, wenn die/der betroffene Arbeitnehmer/-in zustimmt*

▷ entweder im Voraus, indem im Arbeitsvertrag ein entsprechendes Direktionsrecht des Arbeitgebers vereinbart wird, oder

▷ in der aktuellen Situation auf Verlangen des Arbeitgebers, häufig verbunden mit einer Änderungskündigung

*und*

▷ wenn der Betriebsrat nach entsprechender Anhörung nach § 99 BetrVG seine Zustimmung erteilt

*oder*

▷ die Zustimmung des Betriebsrats vom Arbeitsgericht ersetzt wird.

47 ▶ *Versetzungen können für die betroffenen Arbeitnehmer/-innen u.a. mit folgenden unmittelbaren Nachteilen verbunden sein:*

▷ die neue Tätigkeit erfordert eine geringere berufliche Qualifikation als die bisherige

▷ die neue Tätigkeit ist mit erheblichem Umschulungsbedarf verbunden

▷ Reduzierung des Verantwortlichkeitsbereichs

▷ Entgeltverminderung, Abgruppierung

▷ veränderte Arbeitszeit(-lage)

▷ geringere Aufstiegschancen

▷ längerer Weg bzw. längere Fahrzeit zur Arbeit.

# D Fragen des Gesamtbetriebsrats/Betriebsrats im Zusammenhang mit geplanten Fusionen

48    *Zur Informationspolitik*
      Sobald der Betriebsrat bzw. Gesamtbetriebsrat von einer geplanten Fusion
      Kenntnis erlangt, ergeben sich für ihn verschiedene Fragen:
      ▶ Welche Informationen benötigt der Gesamtbetriebsrat?
      ▶ Wie und zu welchem Zeitpunkt kann er sich diese Informationen beschaffen?
      ▶ Wie sollen die Arbeitnehmer/-innen unterrichtet und einbezogen werden?

49    Der Gesamtbetriebsrat ist nur handlungsfähig, wenn er sich zeitnah zu den
      Überlegungen und Entscheidungen des Vorstands unterrichten lässt. Der
      Vorstand ist verpflichtet, den Wirtschaftsausschuss zu unterrichten, bevor er
      Entscheidungen getroffen hat (BAG, Beschluss vom 17.11.2000 – 1 ABR
      43/99, NZA 2001, S. 402). Auf diese Weise muss er dem Gesamtbetriebsrat
      Gelegenheit geben, auf seine Entscheidungen einzuwirken. Die Unterrich-
      tung des Wirtschaftsausschusses hat früher zu erfolgen als die des Betriebs-
      rats/Gesamtbetriebsrats nach § 111 BetrVG im Zusammenhang mit geplan-
      ten Betriebsänderungen. Die Unterrichtung muss auch dann erfolgen, wenn
      die Fusion nach Auffassung der Unternehmensleitung nicht mit Nachteilen
      für die Arbeitnehmer/-innen verbunden ist.

50    *Zum Fortbestand der Interessenvertretung*
      Durch die Fusion wird zu einem bestimmten Zeitpunkt (Eintragung der
      Fusion im Handels-/Genossenschaftsregister) i.d.R. ein Teil der Interessenver-
      tretungen in den übertragenden Gesellschaften aufgelöst. Für den Gesamt-
      betriebsrat ist es daher extrem wichtig zu wissen, welche die übertragende
      Gesellschaft sein soll und zu welchem Zeitpunkt die Übertragung erfolgen
      soll.

51    ▶ Wie kann sich die geplante Fusion auf den Fortbestand der Interessenver-
      tretung auswirken (Gesamtbetriebsrat, Betriebsräte, Wirtschaftsausschuss,
      Gesamtjugend- und Auszubildendenvertretung, Gesamtschwerbehinderten-
      vertretung, Aufsichtsrat, Tarifzuständigkeit der Gewerkschaft)?
      ▶ Wie kann sich die geplante Fusion auf die Fortgeltung von Betriebsverein-
      barungen und Tarifverträgen auswirken?

52    *Zur Vertretung der Arbeitnehmerinteressen*

▶ Auf welche Weise kann sich die geplante Fusion auf die Arbeitnehmer/
-innen auswirken (Arbeitsverhältnis, tarifvertragliche Leistungen, Betriebsvereinbarungen, Versetzungen)?

▶ Wie wird sich die Fusion wirtschaftlich auf das Unternehmen auswirken?

▶ Wie können bestimmte Nachteile für die Arbeitnehmer/-innen vermieden
oder gemindert werden (Interessenausgleich)?

▶ Wie können bestimmte nicht vermeidbare Nachteile ausgeglichen werden
(Sozialplan)?

# E Informationsmöglichkeiten der Interessenvertretung der Arbeitnehmer/-innen

## 1 Informationsrechte der Interessenvertretung der Arbeitnehmer/-innen

53    Es kommt immer noch vor, dass Betriebsräte erst aus der Presse von geplanten Fusionen erfahren. Nach dem Gesetz ist zwingend vorgeschrieben, dass Betriebsräte, der Wirtschaftsausschuss und der Aufsichtsrat zum frühestmöglichen Zeitpunkt über geplante Fusionen vom Vorstand zu unterrichten sind (§§ 80 Abs. 2, 106, 111 BetrVG, § 90 AktG, § 38 GenG). Gemäß § 5 Abs. 3 UmwG ist der Umwandlungsvertrag oder sein Entwurf spätestens einen Monat vor der Beschlussfassung der Gesellschafterversammlung, Hauptversammlung bzw. Generalversammlung den (Gesamt-)Betriebsräten der beteiligten Unternehmen zuzuleiten. Bei grenzüberschreitenden Verschmelzungen gilt ergänzend dazu, dass der Verschmelzungsbericht spätestens einen Monat vor der Beschlussfassung dem Betriebsrat bzw. den Arbeitnehmerinnen/Arbeitnehmern von den zuständigen Unternehmensgremien zugänglich zu machen ist (§ 122g Satz 2 UmwG). Die Verschmelzung darf vom Registergericht nur eingetragen werden, wenn die Vorstände nachweisen, dass die (Gesamt-)Betriebsräte entsprechend dieser Vorschrift unterrichtet worden sind. In § 5 Abs. 1 Ziff. 9 UmwG ist außerdem vorgeschrieben, dass im Verschmelzungsvertrag die Folgen der Verschmelzung für die Arbeitnehmer/-innen und ihre Vertretung sowie die dafür vorgesehenen Maßnahmen dargestellt werden müssen. Die Betriebsräte sollten den Erhalt des Verschmelzungsberichts daher nur dann quittieren, wenn der Vertrag in diesem Punkt ausreichend ausführlich ist.

54    Es reicht auf keinen Fall aus, wenn (wie in einem Anwaltsformularbuch empfohlen) in diesem Zusammenhang erklärt wird: „Aus der Verschmelzung ergeben sich keine Folgen i.S.d. § 5 Abs. 1 Nr. 9 UmwG für die Arbeitnehmer und ihre Vertretungen bei den beteiligten Gesellschaften."

Es sollten nicht nur die unmittelbaren, sondern auch die mittelbaren Folgen für die Arbeitnehmer/-innen und ihre Interessenvertretung dargestellt werden. Das sind insbesondere die Folgen der organisatorischen Umsetzung der Verschmelzung. Dabei kommt es nicht darauf an, ob die Folgen für die Arbeitnehmer/-innen positiv oder negativ sind. Die Bezugnahme auf die gesetzlichen Vorschriften ist daher in keiner Weise ausreichend für die Erfüllung der nach § 5 Abs. 1 Nr. 9 UmwG erforderlichen Angaben. Es ist nicht von der Hand zu weisen, dass einer Verschmelzung wirtschaftliche Überlegungen zugrunde liegen, in deren Folge sich durchaus personelle Veränderungen wie etwa Umgruppierungen, Versetzungen oder die Zuweisung neuer Arbeitsplätze ergeben können. Selbst wenn dies für die Arbeitnehmer/ -innen vorteilhaft wäre, handelt es sich dennoch um eine Folge der Verschmelzung i.S.v. § 5 Abs. 1 Nr. 9 UmwG, zu der im Vertrag Angaben gemacht werden müssen. Das Registergericht ist berechtigt, die von der Unternehmensleitung begehrte Eintragung abzulehnen, wenn der Verschmelzungsvertrag jeder nachvollziehbaren Darstellung der arbeitsrechtlichen Folgen entbehrt (OLG Düsseldorf, Beschluss vom 15. 5. 1998 – 3 Wx 156/98, NZA 1998, S. 767 f.).

55      Wegen der langen Zeitdauer von den ersten Vorüberlegungen bis zum Vollzug der Fusion ist es zudem notwendig, dass Betriebsräte, Gesamtbetriebsrat, Wirtschaftsausschuss und Aufsichtsrat prozessbegleitend informiert und einbezogen werden. Unter Berücksichtigung des oben dargestellten Ablaufschemas bedeutet dies, dass die Unterrichtung und Einbeziehung in den Etappen verläuft, die in der zweiten nachfolgenden Übersicht dargestellt sind. Allerdings existieren nicht in allen Unternehmen Aufsichtsräte, und nicht in allen Aufsichtsräten sind die Arbeitnehmer/-innen vertreten. In diesen Fällen wird sich die Interessenvertretung voll auf GBR, BR und WA konzentrieren. Die Voraussetzungen für die Errichtung von Aufsichtsräten unter Beteiligung der Arbeitnehmer/-innen sind in der ersten nachfolgenden Übersicht beschrieben.

## Aufsichtsräte und Beteiligung der Arbeitnehmer/-innen

56      ▶ *Aufsichtsräte sind vorgeschrieben*
*(aber nicht alle mit Arbeitnehmerbeteiligung)*
▷ generell in der AG
▷ generell in der Genossenschaft (e.G.)
▷ im Versicherungsverein auf Gegenseitigkeit (VVaG)
▷ in der Kommanditgesellschaft auf Aktien (KGaA)
▷ in der GmbH über 500 Arbeitnehmer/-innen
▷ in der GmbH & Co. KG über 2.000 Arbeitnehmer/-innen (unter bestimmten Voraussetzungen).

▶ *Den Arbeitnehmerinnen/Arbeitnehmern steht ein Drittel der Sitze im Aufsichtsrat zu*

▷ in der AG, die vor dem 10.8.1994 gegründet wurde, bis 2.000 Arbeitnehmer/
-innen

▷ in der AG, die nach dem 10.8.1994 gegründet wurde, zwischen 500 und
2.000 Arbeitnehmer/-innen

▷ in Genossenschaften und GmbHen zwischen 500 und 2.000 Arbeitnehmer/
-innen

▷ im VVaG über 500 Arbeitnehmer/-innen.

▶ *Den Arbeitnehmerinnen/Arbeitnehmern steht die Hälfte der Sitze im Aufsichtsrat zu*

▷ in der AG, GmbH, e.G., KGaA und GmbH & Co. KG (Letztere nur unter weiteren Voraussetzungen) über 2.000 Arbeitnehmer/-innen.

▶ *Keine Aufsichtsräte sind vorgeschrieben*

▷ in der OHG (offene Handelsgesellschaft)

▷ in der KG (Kommanditgesellschaft)

▷ in der GmbH unter 500 Arbeitnehmerinnen/Arbeitnehmern.

▶ *Keine Beteiligung der Arbeitnehmer/-innen im Aufsichtsrat ist vorgeschrieben*

▷ in der e.G. (Genossenschaft) unter 500 Arbeitnehmerinnen/Arbeitnehmern

▷ in der GmbH unter 500 Arbeitnehmerinnen/Arbeitnehmern (mit einem freiwilligen Aufsichtsrat)

▷ im VVaG unter 500 Arbeitnehmerinnen/Arbeitnehmern

▷ in der AG, die nach dem 10.8.1994 gegründet wurde, unter 500 Arbeitnehmerinnen/Arbeitnehmern.

**Etappen der gesetzlich vorgeschriebenen Unterrichtung und Einbeziehung der Interessenvertretung durch die Unternehmensleitung**

57 **Erste Phase (Vorbereitung der Fusion durch die Unternehmensleitung)**

▶ *1. Problemanalyse der Unternehmensleitung, die als eine mögliche Problemlösung eine Fusion mit anderen Unternehmen ergibt*

▷ gleichzeitige Unterrichtung des BR/GBR (§ 111 BetrVG), des WA (§ 106 BetrVG) und des AR (§ 90 AktG).

▶ *2. Auswahl möglicher Fusionspartner*

▷ gleichzeitige Unterrichtung des WA und des AR.

▶ *3. Beratungen mit den Betriebsräten und Gesamtbetriebsräten über Interessenausgleich und Abschluss eines Interessenausgleichs*
▷ Durch einen möglichst frühzeitigen Abschluss eines Interessenausgleichs kann versucht werden, sowohl den Entscheidungsprozess bis zum Abschluss der Fusionsvereinbarung wie auch den Ablauf der organisatorischen Umsetzung der Fusion mitzugestalten.

▶ *4. Abstimmung des Vorstands mit dem Aufsichtsrat über die weitere Vorbereitung der Fusion*
▷ Der Vorstand sollte zu diesem Zeitpunkt die Zustimmung des AR zur weiteren Vorbereitung der Fusion einholen.

▶ *5. Kontaktaufnahme und Informationsaustausch mit Fusionspartnern*
▷ Über die Ergebnisse solcher Gespräche sind WA und AR gleichzeitig zu unterrichten.

▶ *6. Gegebenenfalls Abschluss eines Kooperationsvertrags*
▷ Über den Inhalt sind GBR, WA und AR im Voraus zu unterrichten. Es können sich hieraus bereits Mitbestimmungsrechte des GBR/BR ergeben.

▶ *7a. Unterrichtung der Arbeitnehmer/-innen*
▷ Hierzu ist der Vorstand arbeitsrechtlich verpflichtet. Der Gesamtbetriebsrat/ Betriebsrat sollte allerdings eine eigene schriftliche Unterrichtung der Arbeitnehmer/-innen vornehmen.

▶ *7b. Unterrichtung der Öffentlichkeit*
▷ In börsennotierten Aktiengesellschaften ist der Vorstand zur Unterrichtung der Öffentlichkeit verpflichtet (Wertpapierhandelsgesetz).

▶ *8. Entwicklung eines Wirtschaftlichkeitskonzepts für ein fusioniertes Unternehmen und Klärung folgender Fragen:*
▷ Art der Fusion (Aufnahme/Neubildung)
▷ aufnehmendes/übertragendes Unternehmen
▷ künftiger Firmenname
▷ künftige Geschäftsfelder
▷ künftige Unternehmensorganisation
▷ künftige Standorte (Hauptverwaltung, Zweigniederlassungen)
▷ Personalbedarf nach der Fusion

▷ künftige Besetzung von Aufsichtsrat, Vorstand, Prokuristen, Handlungs-
bevollmächtigten

▷ Austauschverhältnis für Gesellschafter der übertragenden Gesellschaft(en)

▷ Integrationskonzept

▷ „Angleichung" des Personal- und Sozialbereichs (Entgelt, soziale Leistungen
usw.)

▷ Terminplan

▷ Unterrichtung des WA und des AR gleichzeitig über alle genannten Punkte.

▶ *9. Erarbeitung von Interessenausgleichen und Sozialplänen bzw. von „freiwilligen" und erzwingbaren Betriebsvereinbarungen mit den Gesamtbetriebsräten*

▷ Der Abschluss der Vereinbarungen ist jetzt dringend notwendig, damit nicht
durch den Verschmelzungsvertrag Fakten geschaffen werden. Der Gesamtbetriebsrat sollte gegenüber dem Unternehmen notfalls gerichtlich einen
Anspruch auf Unterlassung der Verschmelzung bis zur Durchführung der
vorgeschriebenen Verhandlungen und bis zum Abschluss der notwendigen
Vereinbarungen geltend machen.

▶ *10. Erarbeitung eines Verschmelzungsvertrags*

▷ gleichzeitige Unterrichtung des GBR, WA und des AR. Der AR sollte darauf
bestehen, den Vertrag zur Zustimmung vorgelegt zu bekommen.

▶ *11. Erarbeitung von Verschmelzungsberichten für die Gesellschafter der
beteiligten Unternehmen (Verschmelzungsvertrag, Umtauschverhältnis,
Höhe der Barabfindung)*

▷ gleichzeitige Unterrichtung des WA und des AR.

▶ *12. Verschmelzungsprüfung*

▷ gleichzeitige Unterrichtung des WA und des AR.

58 **Zweite Phase (notwendige rechtliche Schritte der Unternehmensleitung)**

▶ *1. Beschlussfassungen der Gesellschafter der beteiligten Unternehmen*

▷ Der Aufsichtsrat muss vor der Beschlussfassung der Gesellschafter
(z.B. Hauptversammlung) eine Beschlussempfehlung beschließen.

▶ *2. Anmeldung der Verschmelzung zur Eintragung im Handelsregister/ Genossenschaftsregister*
▷ gleichzeitige Unterrichtung des WA und des AR.

▶ *3. Eintragung und Bekanntmachung der Verschmelzung*
▷ gleichzeitige Unterrichtung des WA und des AR.

59 **Dritte Phase (Umsetzung)**
▶ *Organisatorischer Vollzug der Verschmelzung (eine Hauptverwaltung, Schließung „überflüssiger" Filialen/Geschäftsstellen, Realisierung weiterer Synergieeffekte)*
*(Die organisatorische Umsetzung der Verschmelzung stellt in der Regel die eigentliche Betriebsänderung dar. Hierdurch entstehen die wesentlichen Probleme für die Arbeitnehmer/-innen.)*
▷ Falls Interessenausgleich und Sozialplan bereits abgeschlossen sind, ist deren korrekte Anwendung zu kontrollieren.
▷ Falls Interessenausgleich und Sozialplan zu diesem Zeitpunkt noch nicht abgeschlossen sind, muss versucht werden, den organisatorischen Vollzug der Verschmelzung zu verhindern (u.U. durch einstweilige Verfügung des Arbeitsgerichts). In jedem Fall hat der Gesamtbetriebsrat des untergegangenen Unternehmens noch ein Restmandat bis zum Abschluss eines Interessenausgleichs und eines Sozialplans.

Die einzelnen Informationsansprüche und Beteiligungsrechte gegenüber der Unternehmensleitung können rechtlich durchgesetzt werden. Die Erfolgsaussichten hierfür sind sehr gut.

60 **Durchsetzung des Informationsanspruchs durch Betriebsrat, Gesamtbetriebsrat, Wirtschaftsausschuss, Arbeitnehmervertreter/-innen im Aufsichtsrat**
Die Gesetze liefern verschiedene rechtliche Grundlagen für die Durchsetzung des Informationsanspruchs der Interessenvertretungen. Am unkompliziertesten und am schnellsten kann in der Regel der Wirtschaftsausschuss seinen Informationsanspruch durchsetzen. Mithilfe des Gesamtbetriebsrats erfolgt für den Wirtschaftsausschuss die Durchsetzung des Informationsanspruchs durch ein Einigungsstellenverfahren. Am schwierigsten und mit dem größten Kostenrisiko verbunden ist die Durchsetzung des Informationsanspruchs für die Arbeitnehmervertreter/-innen im Aufsichtsrat.

▶ *GBR: allgemeiner Informationsanspruch bei Betriebsänderungen; Informationsanspruch bei Fusionen*

▷ § 111 BetrVG: Beschlussverfahren

▷ § 5 Abs. 3 UmwG: Beschlussverfahren; gegebenenfalls muss beim Handelsregister beantragt werden, die Eintragung der Fusion zu unterlassen, bis der Betriebsrat ordnungsgemäß unterrichtet worden ist.

▶ *WA: Informationsanspruch bei Fusionen*

▷ § 106 Abs. 3 Ziff. 8 i.V.m. § 109 BetrVG: Durchsetzung in der Einigungsstelle.

▶ *AR: allgemeiner Informationsanspruch*

▷ § 90 AktG: Durchsetzung im Zivilprozess.

Zur Durchsetzung der Beteiligungs- und Mitbestimmungsrechte s. Rdn. 97 ff.

## 2 Informationen nicht nur vom Arbeitgeber

61 Der Gesamtbetriebsrat darf sich allerdings nicht allein darauf konzentrieren, Informationen von der Unternehmensleitung zu beschaffen. Wenn die Fusionspläne bekannt werden, wird er sofort Kontakt mit den Gesamtbetriebsräten in den übrigen beteiligten Unternehmen aufnehmen. Insbesondere folgende Informationen lassen sich oft besser aus eigenen Unterlagen sowie aus denen anderer Betriebsräte beschaffen:

▶ geltende Tarifverträge
▶ geltende Betriebsvereinbarungen und Gesamtbetriebsvereinbarungen aller beteiligten Unternehmen/Betriebe
▶ geltende betriebliche Übungen
▶ sonstiger Besitzstand der Arbeitnehmer/-innen
▶ übertarifliche Zulagen
▶ Fahrtzeiten/Fahrtwege/Wohnsitz der Arbeitnehmer/-innen
▶ Qualifikation der Arbeitnehmer/-innen
▶ Sozialdaten der Arbeitnehmer/-innen (z.B. Alter, Betriebszugehörigkeitsjahre, unterhaltsberechtigte Personen, pflegebedürftige Personen im Haushalt, Schwerbehinderung)
▶ Standorte
▶ Interessenvertretungsstruktur.

62  Je genauer die beteiligten Gesamtbetriebsräte Kenntnis von der sozialen Lage der Arbeitnehmer/-innen haben, desto eher können sie auch die Risiken für die Arbeitnehmer/-innen einschätzen sowie Schutz- und Kompensationsregelungen vereinbaren. Je enger die Betriebsräte der verschiedenen beteiligten Unternehmen zusammenarbeiten, desto weniger können sie gegeneinander ausgespielt werden.

## 3 Verschwiegenheitspflicht

63  Betriebsräte, Wirtschaftsausschüsse und auch Aufsichtsratsmitglieder werden im Zusammenhang mit Informationen über eine geplante Verschmelzung möglicherweise auf die Vertraulichkeit und die Verschwiegenheitspflicht hingewiesen. Dabei wird häufig übersehen, dass der oberste gesetzliche Grundsatz auch für Betriebsräte und Aufsichtsratsmitglieder die von der deutschen Verfassung in Art. 5 Abs. 1 Grundgesetz garantierte Meinungsäußerungsfreiheit ist. Nur in engen Grenzen darf diese Freiheit durch Verschwiegenheitspflichten eingeschränkt werden. § 79 BetrVG und § 93 Abs. 1 Satz 2 AktG (i.V.m. § 116 AktG), § 315 UmwG und § 14 Wertpapierhandelsgesetz enthalten solche Einschränkungen. Auch diese gelten nur, soweit dies zum Schutz höherrangiger Rechtsgüter notwendig ist.

64  ▶ *Verschwiegenheitspflicht von Betriebsräten, Wirtschaftsausschüssen und Aufsichtsräten*
   ▷ Es gilt als oberster Grundsatz: Meinungsäußerungsfreiheit nach Art. 5 Abs.1 Grundgesetz. Es ist eine der wichtigsten Aufgaben der Interessenvertretung, die Arbeitnehmer/-innen zu unterrichten.
   ▷ Eine Einschränkung dieses Grundrechts durch die Verschwiegenheitspflicht ist nur zulässig (§ 79 BetrVG und § 93 Abs. 1 Satz 2 AktG i.V.m. § 116 AktG und § 315 UmwG, § 31 MgVG), soweit dies zum Schutz anderer Grundrechte notwendig ist.
   ▷ Diese Rechtslage ist auch durch das Wertpapierhandelsgesetz nicht grundlegend geändert worden. Die in diesem Gesetz festgelegte Verschwiegenheitspflicht für „Insider" kann nur in Unternehmen Bedeutung erlangen, deren Aktien an der Börse gehandelt werden. Nach dem Wertpapierhandelsgesetz ist der Vorstand allerdings verpflichtet, selber die Öffentlichkeit von geplanten Fusionen zu unterrichten (§ 15 WertpapierhandelsG).
   ▷ Durch die Verschwiegenheitspflicht werden u.a. das Recht auf Eigentum und das allgemeine Persönlichkeitsrecht geschützt. Nur wenn die vorzeitige

Bekanntgabe einer geplanten Fusion dem Unternehmen einen Schaden zufügen kann, besteht überhaupt die Möglichkeit der Verschwiegenheitspflicht.

▷ Wenn die Weitergabe einer Information diese Rechte beeinträchtigen kann,
bedarf es einer rechtlichen Abwägung zwischen den Interessen der Arbeit-
nehmer/-innen auf Unterrichtung und den Interessen des Unternehmens.
Von Fusionen werden die Arbeitnehmer/-innen normalerweise so schwer-
wiegend betroffen, dass die Abwägung zum Ergebnis führen wird, dass sie
zu unterrichten sind.

▷ Auf keinen Fall darf die Unternehmensleitung willkürlich festlegen, welche
Informationen weitergegeben werden dürfen. Sie ist allerdings verpflichtet,
Betriebsräte und Wirtschaftsausschuss auf eine tatsächlich bestehende
Verschwiegenheitspflicht hinzuweisen.

65    Da von einer Fusion die Interessen der Arbeitnehmer/-innen sehr stark
betroffen sind, wird jedoch der Betriebsrat sehr schnell nach Kenntnisnahme
einer geplanten Fusion die Arbeitnehmer/-innen hierüber unterrichten.
Dabei ist es nicht notwendig, Wirtschaftlichkeitsberechnungen im Detail in
die betriebliche Öffentlichkeit zu tragen. Entscheidend ist, dass die
Arbeitnehmer/-innen vom Betriebsrat über die Konsequenzen der geplanten
Fusion für sie in Kenntnis gesetzt werden.

66    ▶ *Unterrichtung der Arbeitnehmer/-innen über*
▷ die konkret von den Planungen betroffenen Arbeitsplätze
▷ mögliche Auswirkungen hinsichtlich Arbeitsplatz, Einkommen, Arbeitszeit,
Arbeitsbedingungen, betrieblicher Sozialleistungen
▷ geplante organisatorische Veränderungen
▷ die rechtliche Lage nach dem Betriebsübergang
▷ Forderungen und geplantes Vorgehen des Betriebsrats.

▶ *Notwendiger Inhalt einer Information des Betriebsrats an die Arbeitnehmer/*
*-innen im Falle eines Betriebsübergangs*
▷ aufnehmendes Unternehmen
▷ praktische Bedeutung des „Untergangs" eines Unternehmens durch Vollzug
der Verschmelzung
▷ Zeitpunkt des Übergangs
▷ dass keine neuen Arbeitsverträge unterschrieben werden sollen, sondern
dass die bisherigen Arbeitsverträge unverändert fortgelten

▷ welche Betriebsvereinbarungen und Tarifverträge unverändert als kollektive Regelungen fortgelten

▷ welche Betriebsvereinbarungen als Teil des Arbeitsverhältnisses fortgelten, und dass sie frühestens nach Ablauf eines Jahres zum Nachteil der Arbeitnehmer/-innen geändert werden dürfen

▷ welche betrieblichen Übungen als Teil des Arbeitsverhältnisses nach § 613a BGB auch gegenüber dem neuen Arbeitgeber gelten und von diesem nur aufgrund einer einvernehmlichen Änderung des Arbeitsvertrags aufgehoben werden können

▷ dass der Arbeitgeber nach § 613a BGB verpflichtet ist, die Arbeitnehmer/ -innen rechtzeitig von dem geplanten Übergang zu unterrichten

▷ dass die Arbeitnehmer/-innen das Recht haben, dem Übergang ihres Arbeitsverhältnisses innerhalb eines Monats nach Unterrichtung durch den Arbeitgeber schriftlich zu widersprechen

▷ dass die widersprechenden Arbeitnehmer/-innen riskieren, aus betriebsbedingten Gründen gekündigt zu werden

▷ dass sie keinen Anspruch auf Abfindung haben, sofern nicht in einem Sozialplan etwas anderes geregelt ist

▷ dass nicht auszuschließen ist, dass sie wegen der Abfindung von der Arbeitsagentur eine Sperrfrist erhalten.

67   Das berechtigte Interesse der Arbeitnehmer/-innen an diesen Informationen geht dem Interesse des Unternehmens an vertraulicher Behandlung auf jeden Fall vor. Der Betriebsrat unterliegt daher gegenüber den Arbeitnehmerinnen/Arbeitnehmern bei diesen Informationen keiner Verschwiegenheitspflicht. Die dem Betriebsrat durch § 79 BetrVG auferlegte Verschwiegenheitspflicht darf vom Arbeitgeber auch nicht ausgeweitet werden. Sie stellt eine Einschränkung der Handlungsmöglichkeiten des Betriebsrats dar. Deshalb kommt die Verschwiegenheitspflicht überhaupt nur dann in den engen gesetzlichen Grenzen zur Anwendung, wenn sie zum Schutz des Unternehmens unbedingt notwendig ist. Zu berücksichtigen ist hierbei auch, dass die Arbeitnehmer/-innen gegenüber dem Arbeitgeber gemäß § 81 BetrVG einen Anspruch auf Unterrichtung über geplante Fusionen haben.

68   Auch die Kontaktaufnahme mit dem Gesamtbetriebsrat des anderen beteiligten Unternehmens und der Austausch von Informationen über die Leistungen und die soziale Struktur sind notwendig und zulässig.

# F Fortbestand oder Auflösung der Interessenvertretung

## 1 Interessenvertretung auf Unternehmensebene

69     Die Auswirkungen der Verschmelzung auf die Interessenvertretung sind im übertragenden und im aufnehmenden Unternehmen unterschiedlich.

▶ *Interessenvertretungen im übertragenden Unternehmen*
Zu dem Zeitpunkt, an dem die rechtliche Fusion vollzogen wird (Eintragung im Handels-/Genossenschaftsregister), sind die folgenden Gremien in den übertragenden Unternehmen aufgelöst:

▷ der Gesamtbetriebsrat (ist nur aufgelöst, wenn in dem aufnehmenden Unternehmen ein Gesamtbetriebsrat besteht, BAG, Beschluss vom 5.6.2002 – 7 ABR 17/01)

▷ der Wirtschaftsausschuss (ist nur aufgelöst, wenn der Gesamtbetriebsrat aufgelöst ist)

▷ die Gesamtjugend- und Auszubildendenvertretung (ist nur aufgelöst, wenn im aufnehmenden Unternehmen eine Gesamtjugend- und Auszubildendenvertretung besteht)

▷ die Gesamtschwerbehindertenvertretung (ist nur aufgelöst, wenn im aufnehmenden Unternehmen eine Gesamtschwerbehindertenvertretung besteht)

▷ der Aufsichtsrat.

Auch der Vorstand im übertragenden Unternehmen wird aufgelöst.

69a    Bei einer grenzüberschreitenden Fusion ändert sich für den Fortbestand von betriebsverfassungsrechtlichen Gremien wie Gesamtbetriebsrat oder Wirtschaftsausschuss usw. nichts. Falls sich der Unternehmenssitz künftig im Ausland befindet, wird die Unternehmensleitung bzw. ihre Vertreter entweder nach Deutschland reisen, um ihre betriebsverfassungsrechtlichen Pflichten wahrzunehmen, oder es werden hier in Deutschland permanente Ansprechpartner festgelegt.

Soweit an einer grenzüberschreitenden Verschmelzung deutsche Unternehmen beteiligt sind, in denen Vorschriften der Unternehmensmitbestimmung zur Anwendung kommen, soll durch das MgVG sichergestellt werden, dass insoweit möglichst keine Verschlechterung eintritt. Zu diesem Zweck hat das Gesetz, ähnlich wie bei der SE, die Möglichkeit geschaffen, durch Verhandlung mit der Unternehmensleitung oder durch die gesetzliche

Auffangregelung den notwendigen Erhalt der Unternehmensmitbestimmung zu gewährleisten.

70
Mit dem rechtlichen Vollzug der Verschmelzung erlöschen zudem Prokuren und Vollmachten im übertragenden Unternehmen.

Für die Interessenvertretung der Arbeitnehmer/-innen ist es in der Regel sinnvoll, alle notwendigen Vereinbarungen mit der Unternehmensleitung vor ihrer Auflösung zu treffen. Nach Vollzug der Fusion wird dies häufig zunächst erschwert durch die notwendige Neuorganisation der Interessenvertretungen. Auf den rechtlichen Vollzug der Fusion wird auch alsbald der organisatorische Vollzug folgen. Durch frühzeitige Vereinbarungen kann hierauf noch Einfluss genommen werden.

71 ▶ *Interessenvertretung in der aufnehmenden Gesellschaft*
In der aufnehmenden Gesellschaft bleiben die Gremien der Interessenvertretung erhalten. Sie werden allerdings zum Teil ergänzt durch die entsprechenden Gremienmitglieder der übertragenden Gesellschaft.

▶ *Auswirkungen auf den Betriebsrat im aufnehmenden Unternehmen*
Falls in dem aufnehmenden Unternehmen nur ein Betrieb mit einem Betriebsrat existiert, hat die Verschmelzung zunächst keine unmittelbare Auswirkung auf den Fortbestand der gewählten Betriebsräte der beteiligten Unternehmen. Diese sind lediglich verpflichtet, einen Gesamtbetriebsrat zu errichten. Eine Neuwahl von Betriebsräten muss nur erfolgen, wenn der Betrieb mit dem aufgenommenen Betrieb zusammengeschlossen wird und die weiteren Voraussetzungen des § 13 Abs. 2 Ziff. 1 BetrVG erfüllt sind. Möglicherweise wird der Arbeitgeber die Auffassung vertreten, beide Betriebe würden ihre betriebliche Identität durch den Zusammenschluss verlieren. Die Konsequenz wäre dann, dass eine Neuwahl des Betriebsrats auch dann zu erfolgen hat, wenn die Voraussetzungen des § 13 Abs. 2 Ziff. 1 BetrVG nicht vorliegen. In solchen Fällen wird rechtlich zu prüfen sein, ob die Argumentation des Arbeitgebers zutrifft oder ob es ihm nur darum geht, eine Neuwahl zu erzwingen.

▶ *Auswirkungen auf einen bestehenden Gesamtbetriebsrat im aufnehmenden Unternehmen*
▷ Er wird ergänzt durch Vertreter der Betriebsräte der übertragenden Gesellschaft.
▷ Die/Der Gesamtbetriebsratsvorsitzende sowie ihre/sein Stellvertreter/-in müssen nicht neu gewählt werden; je nach Anzahl und Stimmengewicht der

hinzugewählten Vertreter/-innen kann dies aber erzwungen werden; die beteiligten GBR sollten darüber im Voraus eine Einigung zu erzielen versuchen.

▷ Die Ausschüsse des Gesamtbetriebsrats müssen nicht neu besetzt werden; aufgrund der Ergänzung des GBR kann aber möglicherweise eine Neubesetzung der Ausschüsse erzwungen werden; auch hierüber sollten die beteiligten GBR im Vorfeld eine Einigung erzielen.

▶ *Auswirkungen auf einen bestehenden Wirtschaftsausschuss im aufnehmenden Unternehmen*
Er muss nicht um Vertreter/-innen der übertragenden Gesellschaft ergänzt werden; hier gilt aber das Gleiche wie für die sonstigen Ausschüsse des GBR.

▶ *Auswirkungen auf eine bestehende Gesamtjugend- und Auszubildendenvertretung im aufnehmenden Unternehmen*
Sie muss ergänzt werden um Vertreter/-innen der Jugend- und Auszubildendenvertretungen der aufgenommenen Betriebe.

▶ *Auswirkungen auf eine Gesamtschwerbehindertenvertretung im aufnehmenden Unternehmen*
Sie ist nicht zu ergänzen und nicht neu zu wählen.

▶ *Auswirkungen auf einen eventuell bestehenden Aufsichtsrat im aufnehmenden Unternehmen*
▷ Er muss nicht ergänzt werden.
▷ Die Kapitalseite wird in der Regel für ihre Vertreter/-innen ein Auswechseln vereinbaren.
▷ Eine Hinzuwahl von Arbeitnehmervertreterinnen/-vertretern der übernommenen Betriebe findet nicht statt. Allerdings sind hier freiwillige Regelungen denkbar.
▷ Die Arbeitnehmervertreter/-innen müssen u.U. insgesamt neu gewählt werden, wenn durch die Fusion bestimmte Arbeitnehmerzahlen im neuen Gesamtunternehmen oder Gesamtkonzern überschritten werden (500, 2.000, 10.000, 20.000) und deswegen eine Neuzusammensetzung und/oder Vergrößerung des Aufsichtsrats erforderlich ist.

## 2 Örtliche Betriebsräte bleiben bei Weiterexistenz der Betriebe erhalten

72      In der Regel bleiben die örtlichen Betriebsräte auch in den Betrieben der übertragenden Gesellschaft bestehen. Mit der Fusion selber ist lediglich eine Auflösung des Unternehmens, nicht jedoch zwangsläufig auch eine Auflösung der Betriebe verbunden.

Hinter der Fusionsabsicht stecken jedoch fast immer die bereits oben genannten wirtschaftlichen Beweggründe. Spätestens nach dem rechtlichen Vollzug der Fusion wird versucht, Einsparmöglichkeiten zu nutzen. Positiv ausgedrückt wird von der „Nutzung von Synergieeffekten" die Rede sein. Praktisch bedeutet das:

▶ Nach der Fusion bleibt nur eine Hauptverwaltung erhalten.

▶ Von Betrieben mit einander überschneidenden Absatzgebieten wird längerfristig nur einer erhalten bleiben.

▶ Betriebe mit angrenzenden Absatzgebieten werden möglicherweise zusammengeschlossen.

▶ Unternehmensbereiche mit gleichen Dienstleistungen oder Produkten werden zusammengeschlossen, oder es wird nur einer dieser Bereiche weiterbetrieben.

73      In all diesen Fällen werden mit den Betriebsstilllegungen auch die betreffenden örtlichen Betriebsräte aufgelöst. Während auf Unternehmensebene klar ist, dass das übertragende Unternehmen untergeht, ist bei den Betrieben nicht von vornherein eindeutig, ob es Betriebe der übertragenden oder der aufnehmenden Gesellschaft sind, die untergehen. Einerseits hängt es davon ab, welche „Unternehmenslobby" stärker ist. Das übertragende Unternehmen hat insoweit häufig die schwächere Position. Andererseits hängt es auch davon ab, welcher der zur Wahl stehenden Betriebe künftig die neuen Gesamtaufgaben besser erfüllen kann. Schließlich wird die Gewinnerwirtschaftungsfähigkeit der Betriebe eine Rolle spielen (Durchschnittsalter der Belegschaften, Qualität des Betriebsrats, Qualität der in den Betrieben geltenden Betriebsvereinbarungen, Konfliktbereitschaft der Belegschaft). Schon sehr früh werden diese Themen Gegenstand der Verhandlungen zwischen den beteiligten Vorständen sein. Dementsprechend früh sind auch die WA und damit die GBR sowie die Aufsichtsräte darüber zu unterrichten und in den Entscheidungsprozess mit einzubeziehen.

## 3 Betriebsräte bei Zusammenschluss von Betrieben

74 Wenn Betriebe zusammengeschlossen werden, geht zumindest einer der beteiligten Betriebsräte unter. Im Gegensatz zu Unternehmen ist es bei Betrieben gelegentlich schwerer erkennbar, welcher Betrieb der übertragende und welcher der aufnehmende ist.

75 Folgende Fälle sind in der Praxis anzutreffen:

▶ Ein Betrieb bleibt bestehen und übernimmt alle oder einen Teil der Beschäftigten des anderen Betriebs bzw. Betriebsteils.

▶ Beide Betriebe verlieren ihre betriebliche Identität. Die dort beschäftigten Arbeitnehmer/-innen wechseln alle oder zum Teil in einen neuen Betrieb.

76 In der Regel wird man sich daran orientieren können, welche Arbeits- bzw. Betriebsstätten erhalten bleiben. Da die Folgen für die Arbeitnehmer/-innen und ihre Interessenvertretung in den beiden Fällen sehr unterschiedlich sind, müssen die betroffenen Betriebsräte versuchen, frühzeitig zu klären, welcher der beiden Fälle vom Unternehmen geplant wird. Die Unternehmen werden häufig behaupten, die zweite Variante sei geplant. Dies hat aus Unternehmenssicht den Vorteil, dass keiner der beiden Betriebsräte fortbesteht und dass Betriebsvereinbarungen untergehen. Es ist daher von Rechtsexpertinnen/-experten zu prüfen, ob tatsächlich beide Betriebe ihre Identität verlieren oder ob dies nur eine interessengeleitete Argumentation der Unternehmensleitung ist.

77 In beiden Fällen handelt es sich um eine Betriebsänderung nach § 111 Satz 3 Ziff. 3 BetrVG. Die Betriebsräte sind daher nach § 111 Satz 1 BetrVG rechtzeitig und umfassend über das geplante Vorhaben zu unterrichten.

Der Zusammenschluss bewirkt bei der ersten Variante nicht, dass Betriebsratsmitglieder des untergehenden Betriebs und des deswegen aufgelösten Betriebsrats automatisch in den Betriebsrat des aufnehmenden Betriebs aufgenommen werden. Eine Neuwahl des Betriebsrats im aufnehmenden Betrieb muss dann durchgeführt werden, wenn beide der folgenden Voraussetzungen zutreffen (§ 13 Abs. 2 Ziff. 1 BetrVG):

▶ Seit der letzten Betriebsratswahl sind bereits 24 Monate vergangen und

▶ die Zahl der Arbeitnehmer/-innen ist um die Hälfte, mindestens aber um 50 gestiegen.

Bei der zweiten Variante (beide Betriebe verlieren ihre betriebliche Identität) gehen beide Betriebsräte unter. Der Betriebsrat des nach der Zahl der wahlberechtigten Arbeitnehmer/-innen größeren Betriebs oder Betriebsteils übt gemäß § 21a Abs. 2 BetrVG bis zur Neuwahl eines Betriebsrats, längstens jedoch für die Dauer von 6 Monaten, das Übergangsmandat aus. Die Zeitdauer des Übergangsmandats kann durch Tarifvertrag oder Betriebsvereinbarung um weitere 6 Monate verlängert werden.

## 4 Erhalt von Gesamtbetriebsvereinbarungen

78    Nicht selten schließen Gesamtbetriebsräte Betriebsvereinbarungen gemäß § 50 Abs. 2 BetrVG im Auftrag der örtlichen Betriebsräte ab. Solche Betriebsvereinbarungen gelten auch nach Vollzug der Fusion als örtliche Betriebsvereinbarung fort, solange die Betriebe erhalten bleiben. In der betrieblichen Praxis wird allerdings häufig nicht genau unterschieden zwischen Betriebsvereinbarungen, die der Gesamtbetriebsrat in eigener Zuständigkeit abgeschlossen hat und solchen, die er im Auftrag der Betriebsräte abgeschlossen hat.

79    Dieser Punkt sollte daher möglichst vor Vollzug der Fusion geklärt werden. Aus Gründen der Rechtssicherheit könnte es sinnvoll sein, noch vor Vollzug der Fusion solche Vereinbarungen ausdrücklich als örtliche Betriebsvereinbarung zu übernehmen. Zu diesem Zweck müsste die bereits geltende Gesamtbetriebsvereinbarung von den örtlichen Betriebsräten übernommen und von den örtlichen Arbeitgebern unterzeichnet werden. Denkbar ist auch, dass die Übernahme von Betriebsvereinbarungen ausdrücklich im Interessenausgleich bzw. in einer Betriebsvereinbarung geregelt wird.

80    Gesamtbetriebsvereinbarungen, die der Gesamtbetriebsrat des übertragenden und damit untergehenden Unternehmens in eigener Zuständigkeit gemäß § 50 Abs. 1 BetrVG abgeschlossen hat, können nach der Rechtsprechung (BAG, Beschluss vom 18. 9. 2002 – 1 ABR 54/01) auch nach der Verschmelzung als Gesamtbetriebsvereinbarung oder als örtliche Betriebsvereinbarung weitergelten. Dies gilt zumindestens dann, wenn im aufnehmenden Unternehmen keine Gesamtbetriebsvereinbarungen zum gleichen Regelungsbereich gelten. Wenn das aufnehmende Unternehmen bisher noch gar keine Betriebsräte hatte, gelten diese Gesamtbetriebsvereinbarungen ebenfalls als Gesamtbetriebsvereinbarungen weiter. Wenn es im aufnehmenden Unternehmen bereits Betriebsräte und eventuell auch einen Gesamtbetriebsrat gab, gelten die Gesamtbetriebsvereinbarungen als örtliche Betriebsvereinbarungen in den übergehenden Betrieben fort.

81    Gesamtbetriebsvereinbarungen gehen allerdings als kollektive Regelung unter, wenn im Zuge der Fusion der einzelne Betrieb seine betriebliche Identität verliert. Soweit die betroffenen Arbeitnehmer/-innen nach § 613a BGB in andere Betriebe wechseln und dadurch Rechte der einzelnen Arbeitnehmer/-innen entstehen, werden sie gemäß § 613a BGB Bestandteil der Arbeitsverträge (s. Rdn. 23 ff.), sofern nicht in der aufnehmenden Gesellschaft eine Gesamtbetriebsvereinbarung oder Betriebsvereinbarung zum gleichen Regelungsbereich gilt.

      Bei grenzüberschreitenden Fusionen bleiben die geltenden Gesamtbetriebsvereinbarungen sowie alle anderen zwischen Gesamtbetriebsrat und Unternehmensleitung abgeschlossenen Regelungen in Kraft.

## 5 Erhalt von Betriebsvereinbarungen

82    Die von den örtlichen Betriebsräten abgeschlossenen Betriebsvereinbarungen werden von der Fusion nicht unmittelbar berührt. Auch nach Vollzug der Fusion gelten sie uneingeschränkt weiter. Soweit Betriebe der übertragenden Gesellschaft nicht erhalten bleiben, weil sie in Betriebe der übernehmenden Gesellschaft eingegliedert werden, endet damit auch das Amt des Betriebsrats im Betrieb der übertragenden Gesellschaft. Außerdem verlieren die Betriebsvereinbarungen im übertragenen (und eingegliederten Betrieb) ihre Gültigkeit. Soweit solche untergegangenen Betriebsvereinbarungen den einzelnen Arbeitnehmerinnen/Arbeitnehmern Rechte einräumten, gelten sie gemäß § 613a BGB als Bestandteil der Arbeitsverträge fort, sofern im aufnehmenden Betrieb keine Betriebsvereinbarungen zum gleichen Regelungsbereich gelten.

83    Allerdings findet § 613a BGB in solchen Fällen nicht immer Anwendung. Erfolgt der Zusammenschluss von zwei Betrieben in deutlichem zeitlichen Abstand zum Vollzug der Fusion, dann ist dieser Zusammenschluss kein Betriebsübergang i.S.d. § 613a BGB. Die Übertragung des einen Betriebs auf einen anderen oder der Zusammenschluss von zwei Betrieben erfolgt dann nicht aufgrund eines „Rechtsgeschäfts", wie es § 613a BGB verlangt. Er ist in diesem Fall eine rein organisatorische Maßnahme und damit eine Betriebsänderung nach § 111 BetrVG.

84    Bleibt beim Zusammenschluss von zwei Betrieben der aufnehmende Betrieb erhalten, dann bleibt dessen Betriebsrat im Amt (bis zu einer eventuell fälligen Neuwahl, s. Rdn. 74 ff.). Die für diesen Betrieb abge-

schlossenen Betriebsvereinbarungen gelten künftig für alle Arbeitnehmer/
-innen. Die Betriebsvereinbarungen des untergehenden Betriebs gehen
dagegen unter und werden auch nicht Bestandteil der Arbeitsverträge.

85    Verlieren beim Zusammenschluss von Betrieben (wenn dieser erst
längere Zeit nach rechtlichem Vollzug der Verschmelzung erfolgt) alle betei-
ligten Betriebe ihre bisherige Identität, dann gelten auch die bisherigen
Betriebsvereinbarungen weder kollektiv noch individualrechtlich weiter.
Allerdings sollten die beteiligten Betriebsräte versuchen, diesbezüglich eine
Regelung im Interessenausgleich oder in einer Betriebsvereinbarung zu tref-
fen. Im Sozialplan wäre gegebenenfalls der Nachteilsausgleich für den
Wegfall dieser Vereinbarungen zu regeln.

Bei grenzüberschreitenden Fusionen bleiben die geltenden Betriebsvereinbarungen sowie alle anderen zwischen Betriebsrat und Arbeitgeber
abgeschlossenen Regelungen in Kraft.

# G Handlungsmöglichkeiten der Gesamtbetriebs-
räte/Betriebsräte sowie der Gewerkschaft

## 1 Zuständigkeitsfragen

86 Für die Gesamtbetriebsräte und Betriebsräte in den an der Fusion beteiligten Unternehmen ergeben sich hinsichtlich ihrer rechtlichen Handlungsmöglichkeiten u.a. folgende Grundsatzfragen:

▶ Welche Beteiligungs- und Mitbestimmungsrechte existieren?

▶ Wer ist zuständig für die Ausübung der einzelnen Rechte?

▶ Kann ein Gesamtverhandlungsgremium für alle beteiligten Unternehmen geschaffen werden, welches die Fusion einheitlich für die Arbeitnehmer/ -innen aller beteiligten Unternehmen regelt?

▶ Wie trägt man dem Umstand Rechnung, dass die Gesamtbetriebsräte der übertragenden Unternehmen in der Regel nach Vollzug der Verschmelzung aufgelöst sind?

87 *Beteiligungs- und Mitbestimmungsrechte bei Fusionen*
Die Beteiligungsrechte und Mitbestimmungsrechte der Gesamtbetriebsräte und Betriebsräte bei Unternehmenszusammenschlüssen bestehen in erster Linie

▶ im Abschluss von *Interessenausgleichen* (§§ 111, 112 BetrVG)

▶ im Abschluss von *Sozialplänen* (§§ 111, 112 BetrVG).

Denkbar ist auch, dass Interessenausgleich und Sozialplan in einer gemeinsamen Gesamtbetriebsvereinbarung zusammengefasst werden. Der Arbeitgeber ist dazu nicht verpflichtet, wird aber nicht selten dazu bereit sein, weil der Begriff Sozialplan in der Öffentlichkeit negativ wirkt.

88 Weiterhin können im Zusammenhang mit Fusionen eventuell Vereinbarungen zu folgenden Themen abgeschlossen werden:

▶ *Auswahlrichtlinie* (§ 95 BetrVG). Diese kann sinnvoll sein, um im Zusammenhang mit Fusionen für die personelle Auswahl bei Einstellungen, Versetzungen, Umgruppierungen und Kündigungen allgemeine Grundsätze und Kriterien aufzustellen. In Betrieben mit mehr als 500 Arbeitnehmerinnen/Arbeitnehmern kann der Betriebsrat den Abschluss einer solchen Richtlinie erzwingen.

▶ Betriebliche *Bildungsmaßnahmen* (§§ 96 Abs. 1 Satz 3, 97 Abs. 2, 98 BetrVG). Im Zusammenhang mit Fusionen werden oft zahlreiche Bildungsmaßnahmen erforderlich sein. Von diesen Bildungsmaßnahmen hängt es häufig ab, ob die Fusion überhaupt ein Erfolg wird. Von der Berechtigung zur Teilnahme an solchen Maßnahmen kann es abhängen, ob Arbeitnehmer/-innen zu den Fusionsgewinnern oder zu den Fusionsverlierern gehören. Der Betriebsrat kann seine Beteiligungs- und Mitbestimmungsrechte mit dem Ziel ausüben, dass es möglichst keine Fusionsverlierer/-innen gibt, dass Teilzeitkräfte bei der Beteiligung an Bildungsmaßnahmen nicht benachteiligt werden (z.B. durch eingeschränktes Teilnahmerecht, durch die zeitliche Lage der Maßnahmen, durch Freistellungsregelungen, durch Freizeitausgleichsregelungen), und dass die Kosten für die Bildungsmaßnahmen voll vom Unternehmen getragen werden.

89        Fusionen sind in der Regel für viele Arbeitnehmer/-innen mit *Versetzungen* verbunden. Der Betriebsrat ist vor jeder Versetzung gemäß § 99 Abs. 1 Satz 1 BetrVG zu beteiligen. Er kann zu Versetzungen seine Zustimmung verweigern, wenn die Voraussetzungen des § 99 Abs. 2 BetrVG vorliegen. Das ist insbesondere der Fall bei Nachteilen für die betroffenen oder andere Arbeitnehmer/-innen des Betriebs infolge der Versetzung, bei unterbliebener Ausschreibung der Stelle im Betrieb und bei einem Verstoß gegen eine Auswahlrichtlinie. Einzelheiten zum Begriff der Versetzung wurden bereits erörtert (s. Rdn. 44 ff.).

90    *Vereinbarungen für alle beteiligten Unternehmen abschließen!*
Diese Beteiligungsrechte bestehen in jedem an der Fusion beteiligten Unternehmen, also sowohl in den übertragenden wie in dem aufnehmenden Unternehmen. Besonders wichtig ist daher, dass die Gesamtbetriebsräte/Betriebsräte aller beteiligter Unternehmen bei bevorstehenden Fusionen mit den jeweiligen Vorständen in Verhandlungen treten. Sie sollten ihr Vorgehen vorher untereinander abstimmen. Der Gesamtbetriebsrat des aufnehmenden Unternehmens sollte sich keineswegs darauf verlassen, dass die Arbeitnehmer/-innen in seinem Bereich keine Nachteile zu erwarten haben.

91    *Gemeinsam verhandeln – getrennt abschließen!*
Weder auf Ebene der Gesamtbetriebsräte/Betriebsräte noch auf Ebene der Vorstände in den beteiligten Unternehmen ist es möglich, jeweils unternehmensübergreifende Gremien zu bilden, die einen einheitlichen Interessenausgleich und einen einheitlichen Sozialplan für alle beteiligten Unternehmen abschließen könnten. Unbedingt sinnvoll ist es aber, wenn die Gesamtbetriebsräte/Betriebsräte und Vorstände der beteiligten Unternehmen unter Beteiligung der Gewerkschaft ein unternehmensübergreifendes Verhandlungsgremium

einrichten, das versucht, einheitliche Regelungen auszuhandeln, die dann auf Unternehmensebene von den jeweils zuständigen Gremien abgeschlossen werden. Dies setzt allerdings voraus, dass die Gesamtbetriebsräte/ Betriebsräte und die Vorstände entsprechende Beschlüsse fassen und eine Einigung zwischen allen Beteiligten zustande kommt. Eine unternehmensübergreifende Einigungsstelle wäre nicht möglich. In der Praxis gelegentlich anzutreffen und auch rechtlich zulässig ist es, wenn eine einheitliche (Gesamt-)Betriebsvereinbarung von allen beteiligten Gesamtbetriebsräten und Vorständen unterzeichnet wird. Hierbei handelt es sich rechtlich um mehrere identische Vereinbarungen, die in einem Dokument zusammengefasst sind.

92     Praktisch betrachtet könnte es einfacher erscheinen, den rechtlichen Vollzug der Fusion abzuwarten und dann zwischen dem neu zusammengesetzten Gesamtbetriebsrat des aufnehmenden Unternehmens und der Unternehmensleitung die entsprechenden Verhandlungen zu führen. Hierbei besteht allerdings das Risiko, dass die Unternehmensleitung möglicherweise bereits mit Maßnahmen der organisatorischen Umsetzung der Fusion begonnen hat. Die Regelungsmöglichkeiten im Interessenausgleich wären dann sehr eingeschränkt oder stünden unter sehr großem Zeitdruck. Eine solche Lösung würde zumindest die verbindliche Erklärung der Unternehmensleitung voraussetzen, die Fusion organisatorisch nicht vor Abschluss von Interessenausgleich und Sozialplan zu vollziehen. Sollte die Unternehmensleitung sich nicht darauf einlassen, müsste gegebenenfalls mit einer einstweiligen Verfügung gedroht werden.

Werden die Vereinbarungen erst nach dem rechtlichen Vollzug der Fusion abgeschlossen, dann besteht der Nachteil darin, dass der Gesamtbetriebsrat der übertragenden Gesellschaft aufgelöst ist. Im neu zusammengesetzten Gesamtbetriebsrat des aufnehmenden Unternehmens müssen die Gesamtbetriebsratsmitglieder möglicherweise erst Erfahrungen in der Zusammenarbeit sammeln. Dies kann für die Unternehmensleitung ein Verhandlungsvorteil sein. Zudem sind die Gestaltungsmöglichkeiten über einen Interessenausgleich zu diesem Zeitpunkt schon sehr eingeschränkt.

93     *Gesamtbetriebsräte sind zuständig!*
Für den Abschluss eines Interessenausgleichs wird in der Regel der Gesamtbetriebsrat zuständig sein. Die Rechtsprechung des BAG lehnt es ab, daneben auch den Betriebsräten eine ergänzende Zuständigkeit zuzuerkennen (BAG, Beschluss vom 14.11.2006 – 1 ABR 04/06). Bei konzerninternen Fusi-

onen kann auch der Konzernbetriebsrat für den Abschluss eines Interessenausgleichs zuständig sein. Die Hauptzuständigkeit der Gesamtbetriebsräte (i.S.d. § 50 Abs. 1 BetrVG) bei Fusionen folgt daraus, dass es sich bei der Fusion um einen Vorgang handelt, der das gesamte Unternehmen betrifft und für den insbesondere der Interessenausgleich sinnvoll nur auf Unternehmensebene abgeschlossen werden kann. Dies gilt bei Fusionen häufig auch für den Sozialplan, weil insbesondere die Frage der Zumutbarkeit von Versetzungen von einem Betrieb zum anderen nur unternehmensweit sinnvoll geregelt werden kann. Hinsichtlich des Sozialplans ergibt sich die Zuständigkeit des Gesamtbetriebsrats für die Verhandlung und den Abschluss eines Sozialplans dagegen nicht zwingend aus dem Gleichbehandlungsgrundsatz, der es verbietet, Arbeitnehmer/-innen, die durch dieselbe Maßnahme des Arbeitgebers betroffen werden, unterschiedlich zu behandeln (Fitting/Engels/Schmidt/Trebinger/Linsenmaier, 24. Aufl., § 50 Rdn. 60). Vielmehr ist hierfür Voraussetzung, dass die Regelung des Ausgleichs oder der Abmilderung der durch die Betriebsänderung entstehenden Nachteile zwingend unternehmenseinheitlich oder betriebsübergreifend erfolgen muss (BAG, Beschluss vom 3.5.2006 – 1 ABR 15/05).

94    *Beschlüsse der örtlichen Betriebsräte zur Beauftragung des GBR sinnvoll!*
Falls in der Frage der Zuständigkeit (Gesamtbetriebsrat oder örtliche Betriebsräte) keine Einigkeit mit der Unternehmensleitung herzustellen ist, sollten die örtlichen Betriebsräte dahin gehend Beschlüsse fassen, dass der Gesamtbetriebsrat beauftragt wird, für sie den Interessenausgleich und den Sozialplan auszuhandeln. Solche Beschlüsse sind generell sinnvoll, um die örtlichen Betriebsräte in die Verhandlungen stärker mit einzubeziehen. Natürlich erhöht eine solche Vorgehensweise auch den Koordinierungsaufwand.

95    *Auslaufen der Amtszeit in den übertragenden Unternehmen beachten!*
Ein weiteres Problem entsteht aus dem Umstand, dass die Gesamtbetriebsräte der übertragenden Unternehmen mit Vollzug der Fusion in der Regel aufgelöst sind, weil damit die Voraussetzungen für ihre Errichtung entfallen sind. Die Gesamtbetriebsräte in den übertragenden Gesellschaften müssen sich daher bei ihrer gesamten Terminplanung auf ein Auslaufen ihrer Amtszeit zum Zeitpunkt des Vollzugs der Fusion einrichten. Gelingt der Abschluss von Interessenausgleich und Sozialplan bis zu diesem Zeitpunkt nicht, kann in entsprechender Anwendung des § 21b BetrVG auch beim Gesamtbetriebsrat von einem Restmandat ausgegangen werden (Däubler/Kittner/Klebe,

11. Aufl., § 21b Rdn. 7). Allerdings sollte der Gesamtbetriebsrat des übertragenden Unternehmens möglichst darauf bestehen, dass der rechtliche
Vollzug der Fusion bis zum Abschluss der notwendigen Gesamtbetriebsvereinbarungen unterlassen wird. In diesem Zusammenhang ist die Rechtsprechung des Bundesarbeitsgerichts zum Unterlassungsanspruch des Betriebsrats von großer Bedeutung: „Dem Betriebsrat steht bei Verletzung
seiner Mitbestimmungsrechte aus § 87 BetrVG ein Anspruch auf Unterlassung
der mitbestimmungswidrigen Maßnahme zu." (BAG, Beschluss vom 3.5.1994
– 1 ABR 24/93, NJW 1995, S. 1044 ff.). Dieser Unterlassungsanspruch steht
dem (Gesamt-)Betriebsrat auch bei der Verletzung anderer Mitbestimmungsrechte zu. Im Zusammenhang mit Verhandlungen über Interessenausgleich
und Sozialplan wird dieser Anspruch bisher allerdings nur von einigen
Landesarbeitsgerichten anerkannt (Hess. LAG 27.6.2007 – 4 TaBVGa 137/07;
LAG Hamm 30.7.2007 – 10 TaBVGa 1/07; LAG Thüringen 26.9.2000, LAGE
§ 111 BetrVG 1972 Nr. 17; LAG Hamburg 26.6.1997, NZA-RR 1997, S. 196;
LAG Berlin 7.9.1995, AuR 1996, S. 251; LAG Hamburg 13.11.1981, DB 1982,
S. 1522; LAG Frankfurt 21.9.1982, DB 1983, S. 613; LAG Frankfurt 30.8.1984,
DB 1985, S. 178; LAG Hamm 23.3.1983, AuR 1984, S. 54). Das BAG hat dazu
noch keine Entscheidung getroffen.

96   *Zuständigkeit der örtlichen Betriebsräte in Einzelfällen*
Für den Fall, dass es nicht gelingt, einen Interessenausgleich auf Unternehmensebene abzuschließen oder wenn dieser nur allgemeine Rahmen-
regelungen enthält, ergibt sich hinsichtlich der organisatorischen Umsetzung
der Verschmelzung die Zuständigkeit der örtlichen Betriebsräte. Dies gilt
insbesondere für die personellen Einzelmaßnahmen.

## 2 Beteiligungs- und Mitbestimmungsrechte bei Fusionen

97   Der Gesamtbetriebsrat hat kein Mitbestimmungsrecht bei der unternehmeri-
schen Entscheidung, ob eine Fusion durchgeführt wird. Er hat nur Beteiligungs-
und Mitbestimmungsrechte hinsichtlich der sozialen Folgen der Fusion. Eine
längere Auseinandersetzung über die Frage, ob eine Fusion wirtschaftlich
zweckmäßig ist oder ob andere Maßnahmen vielleicht sinnvoller sind, hat nur
dann einen Sinn, wenn die Erwartung gerechtfertigt ist, dass mit den
Argumenten noch Entscheidungsträger beeinflusst werden können. Dabei
kommt sowohl in Betracht, die Fusionsentscheidung grundsätzlich in Frage zu
stellen, als auch eventuelle Fusionspartner. Auf der anderen Seite sollte der

Gesamtbetriebsrat auch nicht vorschnell und ohne besonderen Grund im Interessenausgleich die wirtschaftliche Notwendigkeit der Fusion anerkennen.

## 2.1 Der Interessenausgleich

98    Im Interessenausgleich nach § 112 BetrVG kann der Gesamtbetriebsrat versuchen,

▶ die Fusion zu verhindern (z.B. weil sie wirtschaftlich sinnlos ist), was in der Regel nicht gelingen wird

▶ Regelungen zu treffen, um Nachteile für die Arbeitnehmer/-innen zu vermeiden, zumindest einzuschränken oder über den Ablauf der Fusion hinaus zu verzögern, aber auch Regelungen zu schaffen bezüglich der künftigen Unternehmensorganisation, der Vermeidung von Personalabbau, des Kündigungsschutzes, des Besitzstandsschutzes, der zu erhaltenden Arbeitsplätze, Qualifizierungsmaßnahmen, Versetzungsregelungen, Übergangsregelungen usw.

Allerdings lässt sich ein Interessenausgleich durch eine verbindliche Entscheidung der Einigungsstelle nicht erzwingen. Sein Inhalt begründet nach den geltenden Rechtsgrundlagen nur dann durchsetzbare Rechte, wenn dies ausdrücklich vereinbart wird.

99    Dennoch ist der Interessenausgleich außerordentlich wichtig. Nur im Interessenausgleich kann versucht werden, den organisatorischen Vollzug der Fusion so zu gestalten, dass die Interessen der Arbeitnehmer/-innen so weit wie möglich berücksichtigt werden. Sein Abschluss sollte daher auf jeden Fall versucht werden. Der Interessenausgleich sollte möglichst abgeschlossen sein, bevor die Unternehmensleitung den Entwurf eines Verschmelzungsvertrags erarbeitet. Nur dann hat der Gesamtbetriebsrat den ihm vom Gesetz eingeräumten Verhandlungsspielraum ausgeschöpft. Im Verschmelzungsvertrag sollte in dem Abschnitt über die Folgen der Verschmelzung für die Beschäftigten der wesentliche Inhalt des Interessenausgleichs zusammengefasst werden. (Einzelheiten zum Inhalt des Interessenausgleichs finden sich im nächsten Kapitel; s. auch Rdn. 159).

## 2.2 Der Sozialplan

100    Im Sozialplan, ebenfalls nach § 112 BetrVG, wird der Gesamtbetriebsrat versuchen, wirtschaftliche Nachteile für die von der Fusion betroffenen Arbeitnehmer/-innen auszugleichen oder zumindest zu mildern. (Die mög-

licherweise auszugleichenden Nachteile sind in Abschnitt H beschrieben, s. Rdn. 129 ff.) Der Sozialplan ist in der Einigungsstelle durchsetzbar. Es ist notwendig, den Sozialplan noch vor dem rechtlichen und organisatorischen Vollzug der Fusion – möglichst sogar vor der Erarbeitung des Verschmelzungsvertrags – abzuschließen. Nur so lässt sich erreichen, dass der Sozialplan auch einen gewissen wirtschaftlichen Druck auf das Unternehmen ausübt, möglichst wenige Entlassungen vorzunehmen.

Das Mitbestimmungsrecht geht allerdings durch den Vollzug der Fusion nicht unter. Nach dem Vollzug der Fusion übt der Gesamtbetriebsrat des untergegangenen Unternehmens bis zum Abschluss des Sozialplans noch ein Restmandat aus.

## 2.3 Durchsetzung von Interessenausgleichsverhandlungen und Abschluss des Sozialplans

101    Das Gesetz schreibt vor, dass die Unternehmensleitung verpflichtet ist, mit dem (Gesamt-)Betriebsrat Interessenausgleichsverhandlungen und Sozialplanverhandlungen zu führen, wenn eine Betriebsänderung geplant wird. Allerdings kann nur der Abschluss eines Sozialplans erzwungen werden.

102    *Durchsetzung von Interessenausgleichsverhandlungen und Sozialplan*
Die rechtliche Durchsetzung der Verhandlungen über den Interessenausgleich sowie über die Erstellung und den Abschluss eines Sozialplans setzt voraus, dass die Fusion mit einer Betriebsänderung verbunden ist. Die Fusion selber ist ein rein rechtlicher Vorgang, der im Abschluss eines Verschmelzungsvertrags und in der Eintragung der Verschmelzung ins Handelsregister besteht. Die Verschmelzung führt zwar in der Regel zwangsläufig zum Übergang der Arbeitsverhältnisse des untergehenden Unternehmens (vorausgesetzt, in dem untergehenden Unternehmen sind Arbeitnehmer/-innen beschäftigt), der Übergang der Arbeitsverhältnisse ist jedoch für sich noch keine Betriebsänderung.

Erst der organisatorische Vollzug der Verschmelzung und die Nutzung der Synergieeffekte führt zu Betriebsänderungen. Im Zusammenhang mit Verschmelzungen sind insbesondere folgende, in § 111 Satz 3 BetrVG genannte Beispielsfälle zu erwarten:

▶ Einschränkung und Stilllegung des ganzen Betriebs oder von wesentlichen Betriebsteilen (z.B. Hauptverwaltung oder Betriebe mit sich überschneidenden Aktivitäten in derselben Region)

▶ Verlegung des ganzen Betriebs oder von wesentlichen Betriebsteilen (z.B. Hauptverwaltung)

▶ Zusammenschluss mit anderen Betrieben

▶ grundlegende Änderung der Betriebsorganisation.

Der organisatorische Vollzug der Verschmelzung liegt in der Regel zeitlich nach der Eintragung der Verschmelzung. Zwingend ist dies jedoch nicht. In einigen Fällen wird die Übertragung der Arbeitsverhältnisse mithilfe eines Betriebsführungsvertrags vorverlagert.

103    Eine Besonderheit ergibt sich, wenn zwei Konzernspitzen (Holdings) miteinander verschmelzen. In diesem Fall finden zunächst nur in den Konzernspitzen Betriebsänderungen statt, sofern diese überhaupt Arbeitnehmer/-innen beschäftigten. In den Tochtergesellschaften finden oft erst zeitlich verzögert Betriebsänderungen statt, wenn im zweiten Schritt einzelne Tochtergesellschaften miteinander fusionieren.

104    Bei den Interessenausgleichs- und Sozialplanverhandlungen wird zu berücksichtigen sein, ob der organisatorische Vollzug der Fusion in unmittelbarem zeitlichen Zusammenhang mit der Eintragung der Verschmelzung erfolgt oder ob beide Vorgänge zeitlich weiter auseinanderliegen. Weiterhin wird zu berücksichtigen sein, ob nur eine Fusion oder mehrere bzw. eine Betriebsänderung oder mehrere geplant sind. Es wird auch zu berücksichtigen sein, ob neben der Fusion auch Verschmelzungen geplant sind.

105    In jedem Fall sollte versucht werden, Interessenausgleich und Sozialplan noch vor der Eintragung der Verschmelzung abzuschließen und darin möglichst auch in naher Zukunft im Rahmen der Umsetzung der Verschmelzung oder weiterer Unternehmensumstrukturierungen geplante weitere Betriebsänderungen mit zu regeln. In größeren Unternehmen oder Konzernen kann es sich auch um Rahmenvereinbarungen handeln, zu denen in den einzelnen Betrieben noch konkrete Vereinbarungen abgeschlossen werden können.

106    *GBR: Interessenausgleich/Sozialplan*
Die Verhandlungen vollziehen sich nach dem Gesetz in den nachfolgenden Schritten:
1. § 112 Abs. 1 BetrVG: Verhandlung zwischen Gesamtbetriebsrat und Arbeitgeber
2. § 112 Abs. 2, Satz 1 BetrVG: Vermittlung durch den Vorstand der Bundesagentur für Arbeit (dieser Schritt ist freiwillig und entfällt oft in der Praxis).

Falls Gesamtbetriebsrat und Arbeitgeber keine Einigung über den Inhalt des Interessenausgleichs und den Sozialplan erzielen, wird normalerweise die Einigungsstelle angerufen.

3. § 112 Abs. 2, Satz 2 BetrVG: Einigungsstelle versucht unter Vermittlung des Einigungsstellenvorsitzenden eine gütliche Einigung über Interessenausgleich und Sozialplan. Wenn das nicht gelingt, kommt es über den Sozialplan zu einem verbindlichen Spruch der Einigungsstelle (Ziff. 4).

4. § 112 Abs. 4 BetrVG: Spruch der Einigungsstelle über den Sozialplan. Der Interessenausgleich kann gegen den Willen des Arbeitgebers nicht durchgesetzt werden. Kommt es aber zu einer Einigung in der Einigungsstelle über den Interessenausgleich, ist der Unternehmer daran gebunden. Weicht er ohne zwingenden Grund ab, treten die Rechtsfolgen des § 113 BetrVG ein.

107 Falls der Arbeitgeber Verhandlungen über Interessenausgleich und Sozialplan verweigert oder falls die Verhandlungen scheitern, weil kein gemeinsames Ergebnis erreicht wird, kann die Einigungsstelle angerufen werden. Falls der Arbeitgeber ihr Tätigwerden verweigert, kann der Gesamtbetriebsrat die Einsetzung der Einigungsstelle beim Arbeitsgericht beantragen.

Die Einigungsstelle besteht aus einem Einigungsstellenvorsitzenden und einer gleichen Anzahl von Beisitzerinnen/Beisitzern, die vom Gesamtbetriebsrat und von der Unternehmensleitung (jede Seite getrennt für sich) benannt werden.

108 Der Gesamtbetriebsrat soll sich mit dem Arbeitgeber einigen über

▶ die Person des Einigungsstellenvorsitzenden (in der Regel ein Arbeitsrichter aus der Region, jedoch nicht vom Ort des Unternehmenssitzes)

▶ die Anzahl der Beisitzer/-innen pro Seite (bei Fusionen sollten vier Beisitzer/-innen für jede Seite vorgeschlagen werden).

Falls darüber keine Einigung hergestellt wird, entscheidet auf Antrag das Arbeitsgericht.

Über die Personen, die der Gesamtbetriebsrat als Beisitzer/-innen festlegt, entscheidet der Gesamtbetriebsrat alleine, ohne Abstimmung mit dem Arbeitgeber. Es kann sich z.B. um Betriebsratsmitglieder, Gewerkschaftssekretärinnen/-sekretäre, betriebswirtschaftliche oder rechtliche Expertinnen/Experten handeln.

## 2.4 Auswahlrichtlinien

109    Gemäß § 95 Abs. 1 BetrVG bedürfen Richtlinien über die personelle Auswahl bei Einstellungen, Versetzungen, Umgruppierungen und Kündigungen der Zustimmung des Betriebsrats. Es ist nicht auszuschließen, dass die beteiligten Unternehmen bei den notwendigen Entscheidungen Auswahlrichtlinien einsetzen.

110    Da es sich bei Fusionen um eine Maßnahme handelt, die das ganze Unternehmen betrifft und bei der die personelle Umsetzung sinnvoll nur auf Unternehmensebene geregelt werden kann, ist auch hier der Gesamtbetriebsrat zuständig (Däubler/Kittner/Klebe, 11. Aufl., § 50 Rdn. 51; Fitting/Engels/Schmidt/Trebinger/Linsenmaier, 24. Aufl., § 50 Rdn. 52 und § 95 Rdn. 17). Da die Zuständigkeit des Gesamtbetriebsrats im Einzelfall dennoch umstritten sein kann, sollte dieser in der Regel von den örtlichen Betriebsräten zur Aushandlung einer Auswahlrichtlinie nach § 50 Abs. 2 BetrVG beauftragt werden.

111    Bei Auswahlrichtlinien handelt es sich um allgemeine Grundsätze (Kriterien), die für die Auswahl von Arbeitnehmerinnen/Arbeitnehmern ausschlaggebend sein sollen (z.B. Alter, Qualifikation, soziale Schutzbedürftigkeit, Vermeidung von Diskriminierung). Sie stellen Entscheidungshilfen bzw. Entscheidungsmaßstäbe dar, an die sich der Arbeitgeber halten muss. Für betriebsbedingte Kündigungen schreibt das Kündigungsschutzgesetz selbst vor, dass der Arbeitgeber bestimmte soziale Auswahlkriterien zu beachten hat. Diese gesetzlichen Kriterien dürfen durch Auswahlrichtlinien nach § 95 BetrVG nicht in ihrer Gewichtung beeinträchtigt oder gar beseitigt werden.

112    Der Betriebsrat/Gesamtbetriebsrat muss nicht konkret beweisen, dass es Auswahlrichtlinien gibt. Dies wäre in der Praxis oft schwierig, da Auswahlrichtlinien nicht schriftlich abgefasst sein müssen. Es genügt, wenn er die Umstände benennen kann, die für die Existenz von Auswahlrichtlinien sprechen. In diesem Zusammenhang kann auch ein EDV-gestütztes Personalinformationssystem von Bedeutung sein. Für sich alleine stellt es zwar noch keine Auswahlrichtlinie dar. Etwas anderes gilt jedoch, wenn es genutzt wird, um die Arbeitnehmer/-innen zu ermitteln, die künftig noch weiter beschäftigt bzw. gekündigt werden sollen. Solche insgeheim vom Unternehmen aufgestellten Auswahlrichtlinien sind selten sozial. Oft wird anlässlich der Fusion versucht, die weniger „gewinnerwirtschaftungsfähigen" Arbeitnehmer/-innen aus dem Unternehmen zu drängen.

Da die organisatorische Umsetzung von Fusionen ohne Auswahlrichtlinien kaum vorstellbar ist, sollte der Betriebsrat/Gesamtbetriebsrat seine Beteiligung bei der Erstellung von Auswahlrichtlinien verlangen und gegebenenfalls über die Einigungsstelle durchsetzen.

113    Die Aufstellung von Auswahlrichtlinien bei Fusionen hat zwar den Nachteil, dass der Gesamtbetriebsrat/Betriebsrat mit dafür Verantwortung übernimmt, wer möglicherweise versetzt, umgruppiert oder gekündigt wird. Dennoch kann der Gesamtbetriebsrat/Betriebsrat durch seine Einflussnahme durchsetzen, dass bei der Auswahl ein höheres Maß an sozialer Gerechtigkeit ausschlaggebend ist. So sollten Gesamtbetriebsrat/Betriebsrat nicht zulassen, dass die Zahl der Fehltage, unterdurchschnittliche Arbeitsleistungen oder ein fortgeschrittenes Alter für eventuelle Kündigungen entscheidend sind.

114    Die Ausübung des Mitbestimmungsrechts nach § 95 Abs. 1, 2 BetrVG hat darüber hinaus den Vorteil, dass der Gesamtbetriebsrat/Betriebsrat eine Regelung über Auswahlrichtlinien im Wege des Einigungsstellenverfahrens gegebenenfalls erzwingen kann. Versucht er dagegen, die soziale Auswahl im Interessenausgleich zu regeln, ist zu beachten, dass er diesen nicht erzwingen kann. Selbst wenn ihm der Abschluss eines Interessenausgleichs gelingt, können anschließend aber weder der Gesamtbetriebsrat/Betriebsrat noch die Arbeitnehmer dessen Einhaltung erzwingen, es sei denn, die Erzwingbarkeit geht aus der Vereinbarung ausdrücklich hervor.

In Betrieben über 500 Arbeitnehmer/-innen kann der Gesamtbetriebsrat/Betriebsrat die Aufstellung von Auswahlrichtlinien selbst dann erzwingen, wenn der Arbeitgeber selbst die Aufstellung von Auswahlrichtlinien gar nicht beabsichtigt. Für den Gesamtbetriebsrat gilt dies auch, wenn in dem Unternehmen mehr als 500 Arbeitnehmer/-innen beschäftigt sind (Däubler/Kittner/Klebe, 11. Aufl., § 95 Rdn. 20). Bei der Aufstellung von Auswahlrichtlinien ist darauf zu achten, dass dadurch keine unzulässige Benachteiligung (§ 1 AGG) im Sinne des AGG erfolgt. Bevorzugung bei Versetzungen nur aufgrund des Alters wäre z.B. gemäß § 10 AGG eine nicht zu rechtfertigende Diskriminierung Jüngerer.

115    **Regelungsbeispiele für Auswahlrichtlinien**

▶ *Bei Einstellungen*
Bevorzugung ehemaliger Beschäftigter, die aus betriebsbedingten Gründen oder auf eigenen Wunsch ausgeschieden sind

▶ *bei Stellenbesetzungen*
Bevorzugung von Arbeitnehmerinnen/Arbeitnehmern des Konzerns/Unternehmens bzw. der jeweiligen Abteilung sowie ehemaliger Beschäftigter, die aus betriebsbedingten Gründen oder auf eigenen Wunsch ausgeschieden sind oder ausscheiden müssten, wenn sie die Stelle nicht erhalten. Gerade bei Fusionen wird es wichtig sein, dass sich Arbeitnehmer/-innen bei Betrieben, die zusammengeschlossen werden, nicht neu auf ihre bisherigen Arbeitsplätze bewerben müssen. Andernfalls könnte die Konsequenz sein, dass bei einer Besetzung der Stellen nach Eignung, Qualifikation und Leistungsfähigkeit soziale Kriterien unberücksichtigt bleiben.

▶ *bei Versetzungen*
Berücksichtigung von Alter, familiärer Situation

▶ *bei Kündigungen*
Berücksichtigung von Arbeitsmarktchancen, Unterhaltsverpflichtungen, Gesundheitszustand, Betriebszugehörigkeit

▶ *bei Teilnahme an Bildungsmaßnahmen des Unternehmens*
Sicherung gleicher Zugangschancen und Teilnahmechancen für alle Arbeitnehmer/-innen

▶ *Vermeidung von Diskriminierungen*
Diskriminierung ist zwar vom Gesetz her bereits untersagt. Es kann aber sinnvoll sein, dies in einer Auswahlrichtlinie noch einmal zu unterstreichen. Es geht insbesondere um die Vermeidung von Diskriminierung aus Gründen des Geschlechts, der Nationalität, der Herkunft, der Religion oder Weltanschauung. Das gilt bei Einstellungen, Stellenbesetzungen, Versetzungen und Kündigungen gleichermaßen.

## 2.5 Betriebliche Bildungsmaßnahmen

116   Im Anschluss an Fusionen werden zur Sicherung von Arbeitsplätzen häufig betriebliche Bildungsmaßnahmen notwendig sein, um ein einheitliches Qualifikationsniveau im Unternehmen zu erzeugen, eine einheitliche Unternehmenskultur zu schaffen, organisatorische Reibungsverluste von Fusionen zu vermindern, Versetzungen zu ermöglichen usw. Der Gesamtbetriebs-

rat/Betriebsrat hat bei diesen Bildungsmaßnahmen ein Mitbestimmungsrecht nach §§ 96 – 98 BetrVG (indirekt auch über § 102 Abs. 3 Ziff. 4 BetrVG).

117    **Durchsetzung von Mitbestimmungsrechten bei betrieblichen Bildungs-maßnahmen**

*Gegenstand des Mitbestimmungsrechts:*

▶ *Ermittlung des Berufsbildungsbedarfs (sollte auf jeden Fall vor Beginn der organisatorischen Umsetzung der Fusion geschehen, § 96 Abs. 2 BetrVG)*
▷ Durchsetzung im arbeitsgerichtlichen Beschlussverfahren

▶ *Maßnahmen der Berufsbildung zur Schaffung der notwendigen Qualifikation im Anschluss an Maßnahmen, aus denen sich geänderte Anforderungen an die Arbeitnehmer/-innen ergeben (§ 97 Abs. 2 BetrVG)*
▷ Durchsetzung durch Einigungsstelle

▶ *Inhalt und Umfang der zu vermittelnden Kenntnisse oder Fähigkeiten*
▷ Durchsetzung durch Einigungsstelle

▶ *Methoden der Wissensvermittlung*
▷ Durchsetzung durch Einigungsstelle

▶ *zeitliche Dauer und Lage der Maßnahme*
▷ Durchsetzung durch Einigungsstelle

▶ *Ausgestaltung einer eventuellen Prüfung, Beurteilung*
▷ Durchsetzung durch Einigungsstelle

▶ *Teilnehmer/-innen (Auswahl und Anzahl; hierbei ist darauf zu achten, dass Teilzeitkräfte, ältere Arbeitnehmer/-innen und solche mit Familienpflichten nicht benachteiligt werden, § 97 Abs. 2 BetrVG; auch Arbeitnehmer/-innen in befristeten Arbeitsverhältnissen sind hierbei angemessen zu berücksichtigen, § 19 TzBfG)*
▷ Durchsetzung durch Einigungsstelle

▶ *Bestellung und Abberufung von Ausbilderinnen/Ausbildern*
▷ Durchsetzung durch Beschlussverfahren.

118      Da es sich hierbei um ein erzwingbares Mitbestimmungsrecht handelt, kann es sinnvoller sein, im Zusammenhang mit Fusionen die Frage der Bildungsmaßnahmen nicht im Interessenausgleich selbst, sondern in einer gesonderten Betriebsvereinbarung zu regeln. Das gilt auch deswegen, weil eine solche Regelung möglicherweise im Gegensatz zum Interessenausgleich eine unbegrenzte Laufzeit haben wird.

119      Bei der Regelung der betrieblichen Bildung im Zusammenhang mit Fusionen ist ebenfalls von einer Zuständigkeit des Gesamtbetriebsrats auszugehen. Allerdings kann auch hier gelten, dass die Beauftragung durch die örtlichen Betriebsräte sinnvoll ist.

## 2.6 Freiwillige Betriebsvereinbarung

120      Der Unternehmensleitung und dem Gesamtbetriebsrat steht es frei, angesichts einer geplanten Fusion bestimmte oder alle anstehenden Fragen durch eine „freiwillige" Betriebsvereinbarung zu regeln. Von der Unternehmensleitung ist dies häufig mit dem Wunsch verbunden, den negativ besetzten Begriff „Sozialplan" in der Öffentlichkeit zu vermeiden.

      Aus Sicht des Gesamtbetriebsrats muss der Abschluss einer „freiwilligen" Vereinbarung kein Nachteil sein. Dies setzt allerdings voraus, dass

▶ die Vereinbarung inhaltlich nicht schlechter ausfällt als ein förmlicher Interessenausgleich und Sozialplan, und dass

▶ auf jeden Fall eine Nachwirkung für den Fall der Kündigung vereinbart wird (Däubler/Kittner/Klebe, 11. Aufl., § 77 Rdn. 59).

121      Gegenüber dem Interessenausgleich hat eine solche „freiwillige" Betriebsvereinbarung den Vorteil, dass sie für die Arbeitnehmer/-innen unmittelbare Rechtsansprüche begründet. Außerdem kann der Betriebsrat die Einhaltung der Vereinbarung im Beschlussverfahren erzwingen (Däubler/Kittner/Klebe 11. Aufl., § 77 Rdn. 83 m.w.N.).

## 2.7 Personelle Einzelmaßnahmen

122      Der organisatorische Vollzug der Fusion wird eine Reihe von personellen Einzelmaßnahmen zur Folge haben. Hierbei handelt es sich um:

▶ *Maßnahmen gemäß § 99 BetrVG*
▷ Einstellungen (dies dürfte bei Fusionen eher die Ausnahme sein)

▷ Eingruppierungen (wenn das aufnehmende Unternehmen versucht, seine bisherigen Eingruppierungsgrundsätze durchzusetzen)
▷ Umgruppierungen
▷ Versetzungen (örtliche Versetzungen, Änderung des Aufgabengebiets, Verkürzung der Arbeitszeit)

▶ *Maßnahmen nach § 102 BetrVG*
▷ Kündigungen (ordentliche und außerordentliche Beendigungskündigungen, Änderungskündigungen).

123    Vom Interessenausgleich bzw. von der freiwilligen Vereinbarung hängt es ab, ob und welche dieser Maßnahmen getroffen werden. Der Abschluss des Interessenausgleichs oder der freiwilligen Vereinbarung durch den Gesamtbetriebsrat ändert nichts daran, dass die örtlichen Betriebsräte die Zuständigkeit für die Ausübung der Mitbestimmungs- und Beteiligungsrechte bei personellen Einzelmaßnahmen behalten und ausüben müssen. Die für den organisatorischen Vollzug der Fusion abgeschlossenen Vereinbarungen können allerdings Regelungen enthalten, die auch für örtliche Verhandlungspartner (Betriebsrat/Arbeitgeber) verbindlich sind. Dies gilt zum Beispiel für Auswahlrichtlinien für Stellenbesetzungen, Versetzungen oder Kündigungen.

▶ *Beispiel 1*
Der örtliche Betriebsrat kann einer Einstellung oder einer Versetzung seine Zustimmung verweigern (und sollte dies auf jeden Fall auch tun), wenn diese gegen einen Interessenausgleich/eine freiwillige Fusions-Betriebsvereinbarung oder gegen eine vereinbarte Auswahlrichtlinie verstößt, die der Gesamtbetriebsrat ausgehandelt hat. Daneben bleiben ihm auch die übrigen Zustimmungsverweigerungsgründe des § 99 Abs. 2 BetrVG erhalten.
▶ *Beispiel 2*
Auch wenn für den Vollzug der Fusion für nicht vermeidbare Kündigungen und andere wirtschaftliche Nachteile vom Gesamtbetriebsrat ein Sozialplan oder eine freiwillige Gesamtbetriebsvereinbarung abgeschlossen wurde, müssen die örtlichen Betriebsräte vor jeder Kündigung gehört werden. Die Rechte des örtlichen Betriebsrats nach § 102 BetrVG werden insoweit nicht eingeschränkt.

124    Der örtliche Betriebsrat kann daher einer Kündigung widersprechen (und sollte dies auf jeden Fall auch tun), wenn diese gegen den Interessen-

ausgleich/eine freiwillige Betriebsvereinbarung oder gegen eine Auswahl-richtlinie verstößt, die der Gesamtbetriebsrat ausgehandelt hat. Auch die übrigen Widerspruchsgründe bleiben ihm erhalten. Durch seinen Widerspruch kann der Betriebsrat wesentlich Einfluss darauf ausüben, ob die Kündigungsschutzklage erfolgreich ist und ob für die Dauer des Rechtsstreits ein Weiterbeschäftigungsanspruch besteht.

Der Widerspruch des Betriebsrats kann auf keinen Fall die Rechte der Arbeitnehmerin/des Arbeitnehmers aus dem Sozialplan schmälern. Auch die Kündigungsschutzklage einer Arbeitnehmerin/eines Arbeitnehmers führt nicht zum Verlust der Ansprüche aus dem Sozialplan, auch dann nicht, wenn dieser eine entsprechende Regelung enthalten sollte (BAG, Urteil vom 3.5.2006 – 4 AZR 149/05).

## 3 Tarifvertrag zur Regelung der Fusionsfolgen

125 Die Folgen einer Fusion können auch in einem Firmentarifvertrag geregelt werden. Dieser Firmentarifvertrag kann einen geltenden Branchentarifvertrag ergänzen. Unter anderem folgende Fragen werden hierbei im Voraus zu klären sein:

▶ Können ggf. Arbeitskampfmaßnahmen ergriffen werden?

▶ Ist es dem Unternehmen nach der Satzung des Arbeitgeberverbands gestattet, einen Firmentarifvertrag zur Regelung von Fusionsfolgen abzuschließen? *(Wenn dies nicht der Fall ist, könnte das Unternehmen zwar dennoch einen Firmentarifvertrag abschließen, müsste jedoch eventuell mit Sanktionen seines Verbands rechnen.)*

▶ Besteht bereits ein (ungekündigter) Tarifvertrag, der Fusionsfolgen regelt? *(Dies könnte zum Beispiel der Fall sein, wenn ein tarifliches Rationalisierungsschutzabkommen besteht. Es wird dann zu klären sein, ob Fusionen vom Rationalisierungsbegriff des Tarifvertrags erfasst sind.)*

▶ Gilt für die Gewerkschaft noch die Friedenspflicht? *(Dies wäre der Fall, wenn für das Unternehmen ein ungekündigter Tarifvertrag zur Regelung von Fusionsfolgen existiert.)*

▶ Wie können sich gegebenenfalls Firmentarifvertrag, Interessenausgleich und Sozialplan inhaltlich ergänzen? *(Die Beantwortung dieser Frage hängt unter anderem davon ab, was aufgrund der konkreten Fusion überhaupt für die Arbeitnehmer/-innen geregelt werden soll.)*

Aus der nachfolgenden Übersicht wird deutlich, was im Tarifvertrag, was im Interessenausgleich und was im Sozialplan geregelt werden kann. Aus den Unterschieden ergibt sich, je nach Fallgestaltung, welche Regelungsform am ehesten geeignet ist.

126    Die Vorteile eines Firmentarifvertrags zur Regelung der Fusionsfolgen bestehen insbesondere in folgenden Punkten:

▶ Zur Durchsetzung des Firmentarifvertrags können – sofern keine Friedenspflicht besteht – Arbeitskampfmaßnahmen ergriffen werden.

▶ Interessenvertretungsstrukturen können nur im Tarifvertrag geregelt werden.

## Was lässt sich wo regeln?

| | Interessen-ausgleich | Sozialplan | Firmen-tarifvertrag |
|---|---|---|---|
| Praktische Durchführung der Fusion | ja | nein | nur zum Teil, soweit tarifrechtlich zulässig |
| Kündigungsschutz | ja | nein | ja |
| Verlängerung oder Verstärkung der kündigungsrechtlichen Stellung | ja | nein | ja |
| Versetzungs- und Zumutbarkeitsregelung | ja | nein | ja |
| Besitzstandsschutz über § 613a BGB hinaus | ja | nein | ja |
| Ausgleich wirtschaftlicher Nachteile | nein | ja | ja |
| Ausgleich für den Verlust des Arbeitsplatzes | nein | ja | ja |
| Überleitung eines bisher geltenden Tarifvertrages auf einen künftig geltenden Tarifvertrag | zum Teil | zum Teil [1] | ja |
| Umzugsregelungen | ja [2] | ja [3] | ja |
| Weiterbildungs-, Umschulungsmaßnahmen | ja | nein | ja |
| Interessenvertretungsstruktur | nein | nein | ja |
| Zusätzliche Beteiligungs- und Mitbestimmungsrechte des Betriebsrats bei der Durchführung der Fusion | ja [4] | nein | ja |

1) nicht bezogen auf die üblicherweise in einem Tarifvertrag geregelten Fragen
2) soweit kein Ausgleich wirtschaftlicher Nachteile
3) soweit Ausgleich wirtschaftlicher Nachteile
4) Verbindlichkeit u. U. fraglich

▶ Bei der Festlegung der Tarifvertragsinhalte ist die gewerkschaftliche Verhandlungskommission unabhängiger von solchen Arbeitnehmerinnen/Arbeitnehmern, die stärker arbeitgeberfreundlich sind.

▶ Nach der Verschmelzung gilt ein Firmentarifvertrag der übertragenden Gesellschaft aufgrund der Gesamtrechtsnachfolge auch gegenüber dem aufnehmenden Unternehmen (BAG, Urteil vom 4.7.2007 – 4 AZR 491/06).

127 Der Vorteil eines Interessenausgleichs besteht darin, dass dieser auch Regelungen über den Zeitplan und die Art und Weise der praktischen Durchführung der Verschmelzung enthalten kann. Im Tarifvertrag kann dies zum Teil rechtliche Probleme bereiten, obwohl auch hier Arbeitsplatzgarantien und Standortsicherung vereinbart werden können. Es spricht aber einiges dafür, Tarifvertrag und Interessenausgleich aufeinander abgestimmt zu vereinbaren.

128 Der Vorteil eines Sozialplans besteht darin, dass dieser ohne Kampfmaßnahmen in einer Einigungsstelle durchgesetzt werden kann.

Bei Bekanntwerden von Fusionsabsichten des Unternehmens können zunächst die Verhandlungen zum Abschluss eines Tarifvertrags und die Verhandlungen zum Abschluss von Interessenausgleich und Sozialplan parallel laufen. In einem Fall verhandelt die Gewerkschaft, im anderen Fall der Betriebsrat bzw. Gesamtbetriebsrat.

# H Schutz der Arbeitnehmer/-innen vor den Nachteilen von Fusionen

129    In diesem Kapitel werden einige Beispiele dafür genannt, wie Nachteile für Arbeitnehmer/-innen aus dem organisatorischen Vollzug von Fusionen vermieden werden können und welche Regelungen in Interessenausgleich und Sozialplan oder in einer freiwilligen Betriebsvereinbarung hierzu notwendig sind. Letztlich müssen solche Regelungen aber im konkreten Fall erarbeitet werden. Die konkrete Form und die Auswirkungen hängen immer von der Art, Struktur und Größe der beteiligten Unternehmen/Konzerne und von den Zielen der Unternehmen/Konzerne ab. Die denkbaren Fälle sind so vielfältig, dass es nicht möglich ist, alle vorherzusehen.

## 1 Erhalt der Arbeitsplätze

130    Oberstes Ziel der Interessenvertretung ist immer der Erhalt der Arbeitsplätze. In den Verhandlungen über den Interessenausgleich bzw. die „freiwillige" Betriebsvereinbarung müssen alle wirtschaftlichen und sozialen Argumente zusammengetragen werden, um so viele Arbeitsplätze wie möglich zu erhalten.

    Hinsichtlich der wirtschaftlichen Argumente können Wirtschaftsausschuss und Arbeitnehmervertreter/-innen im Aufsichtsrat wichtige Hilfe leisten. Sie müssen versuchen, Argumente dafür zu finden, dass auch nach Vollzug der Fusion der Erhalt der Betriebe sinnvoll oder zumindest möglich ist. Es ist z.B. nicht zwangsläufig so, dass ein Unternehmen nur eine zentrale Verwaltung unterhält. Es existieren in der Betriebswirtschaftslehre und in der Praxis (in vielen großen Unternehmen und Konzernen) auch Organisationsmodelle, in denen regionale Verwaltungseinheiten vorgesehen sind (mögliche Argumente sind z.B. Kundennähe, effektivere Unterstützung des Vertriebs).

## 1.1 Möglichst Erhalt aller Arbeitsplätze auf Dauer

131    Nur dem Anschein nach gewährleistet das Gesetz durch die Gesamtrechtsnachfolge und durch § 613a BGB, dass bei Fusionen alle Arbeitsverhältnisse übergehen und anlässlich des Betriebsübergangs auch keine Kündigungen ausgesprochen werden dürfen. Wie bereits oben (s. Rdn. 36 ff.) erläutert, werden durch diese Vorschriften betriebsbedingte Kündigungen – z.B. zur Nutzung von Synergieeffekten – oder Kündigungen aus anderen

Gründen nicht ausgeschlossen. Da der Gesamtbetriebsrat/Betriebsrat kein Mitbestimmungsrecht in wirtschaftlichen Angelegenheiten und auch kein gesetzliches Mitbestimmungsrecht bei Kündigungen hat (Letzteres kann dem Betriebsrat lediglich durch Vereinbarung nach § 102 Abs. 6 BetrVG eingeräumt werden), kann er diesbezüglich nur versuchen, die Unternehmensleitung insbesondere mit wirtschaftlichen Argumenten zu überzeugen.

132     Der Erfolg der Verhandlungen des Gesamtbetriebsrats/Betriebsrats wird auch stark davon abhängen, inwieweit er von den Arbeitnehmerinnen/ Arbeitnehmern unterstützt wird. Dies wiederum setzt voraus, dass die Arbeitnehmer/-innen gut informiert sind über die aktuelle Situation im Unternehmen, die Verhandlungsziele des Gesamtbetriebsrats sowie die Verhandlungsführung und die Angebote der Unternehmensleitung.

132     In einer Vereinbarung können dazu insbesondere folgende Regelungen getroffen werden:

▶ Ausschluss von betriebsbedingten Kündigungen

▶ Standortsicherung, Erhalt von Geschäftsfeldern, Aktivitäten

▶ Ausschluss von personenbedingten Kündigungen (damit nicht etwa geänderte Leistungsanforderungen zum Anlass genommen werden, um sich von leistungsschwächeren Arbeitnehmerinnen/Arbeitnehmern zu trennen)

▶ Übernahme von Auszubildenden

▶ Ausschluss von Änderungskündigungen

▶ Entfristung von Arbeitnehmerinnen/Arbeitnehmern mit befristeten Arbeitsverhältnissen (in diesem Zusammenhang wird der Betriebsrat prüfen müssen, ob die Befristungen überhaupt wirksam sind).

133     Beim Ausschluss von Kündigungen wird ein möglichst langer Zeitraum zu wählen sein (z.B. 5 Jahre). Es wird außerdem darauf zu achten sein, dass die Laufzeit der Vereinbarung entsprechend lang ist und auch nicht vorher gekündigt werden kann.

▶ *Regelungsform:*
Interessenausgleich oder „freiwillige" Gesamtbetriebsvereinbarung mit Fortgeltungsklausel.

## 1.2 Nutzung von Versetzungsmöglichkeiten

134     Als zweitbeste und viel praktizierte Lösung zum Erhalt von Arbeitsplätzen ist die *Nutzung von Versetzungsmöglichkeiten* im Betrieb und im Unternehmen anzusehen (der Arbeitgeber ist hierzu gemäß § 102 Abs. 3 Ziff. 3 BetrVG und

§ 1 Abs. 2 Satz 2 Ziff. 1b KSchG verpflichtet). In Konzernunternehmen sollte versucht werden, neben den unternehmensweiten Versetzungsmöglichkeiten auch das Angebot der Versetzung auf gleichwertige und zumutbare Arbeitsplätze in anderen Konzernunternehmen zu vereinbaren.

135       In beiden Fällen ist es unbedingt erforderlich, eine *Zumutbarkeitsregelung* in die Vereinbarung aufzunehmen. Nachfolgend ein Beispiel dafür, welche Bestimmungen eine *Zumutbarkeitsregelung* enthalten sollte:

▶ *Juristische Zumutbarkeit*
Das Angebot eines anderen Arbeitsplatzes muss verbindlich sein.

▶ *Gesundheitliche Zumutbarkeit*
Eine andere Arbeit ist zumutbar, wenn die Mitarbeiterin/der Mitarbeiter für die Arbeit gesundheitlich geeignet ist und die Arbeitsumgebungseinflüsse zu keinen das bisherige Maß übersteigenden Belästigungen oder Beeinträchtigungen der Mitarbeiter/-innen führen.

▶ *Materielle Zumutbarkeit*
Diese ist gegeben, wenn die Summe der Bezüge (einschließlich aller Zuschläge und Sonderzahlungen) nach der Versetzung der vor der Versetzung entspricht.

▶ *Gleichwertigkeit des Arbeitsplatzes*
Diese ist gegeben, wenn die tarifliche Eingruppierung des neuen Arbeitsplatzes die bisherige nicht unterschreitet. Bei übertariflich Beschäftigten gelten diese Grundsätze entsprechend.

▶ *Räumliche Zumutbarkeit*
Eine Erhöhung des täglichen Wegezeitaufwands um mehr als 60 Minuten ist nicht zumutbar. Ein täglicher Gesamtzeitaufwand von mehr als drei Stunden ist nur zumutbar, wenn sich gegenüber dem bisherigen Zeitaufwand vor der Versetzung kein Mehraufwand ergibt.

      Bei Teilzeitbeschäftigten gelten die Zumutbarkeitsgrenzen entsprechend dem Anteil der individuellen täglichen Arbeitszeit an der regelmäßigen täglichen Arbeitszeit anteilig. Verteilt sich die Arbeitszeit ungleichmäßig auf verschiedene Tage, so ist dabei jeweils die kürzeste tägliche Arbeitszeit ausschlaggebend. Ist in diesem Sinne die räumliche Unzumutbarkeit gegeben, dann erhält die Arbeitnehmerin/der Arbeitnehmer die Möglichkeit, die

Arbeitszeit auf die Woche neu zu verteilen; insbesondere dadurch, dass die Arbeitszeit auf weniger Tage zu mehr Arbeitsstunden umverteilt wird.

Eine Erhöhung des Wegezeitaufwands ist nur zumutbar, wenn die zusätzliche Fahrtzeit auf die Arbeitszeit angerechnet wird, für diesen Zeitaufwand ein Freizeitausgleich gewährt wird oder der Zeitaufwand vergütet wird.

▶ *Zeitliche Zumutbarkeit*
Diese ist gegeben, wenn die Dauer der Arbeitszeit gleich bleibt und die Arbeit zur gleichen Tageszeit beginnt und endet wie bisher.

Die individuelle Zuweisung von Teilzeitarbeit gegen den Willen der Arbeitnehmerin/des Arbeitnehmers ist unzumutbar. Ebenso unzumutbar ist die Zuweisung eines Schichtarbeitsplatzes an eine/-n bisher nicht im Schichtdienst beschäftigte/-n Mitarbeiter/-in.

▶ *Soziale Zumutbarkeit*
Die Versetzung darf nicht zu einer sozialen Härte im Bereich der persönlichen und familiären Belange der Mitarbeiter/-innen führen. Eine solche Härte liegt insbesondere vor, wenn die Betreuung von Kindern (z.B. wegen fehlender Kindergartenplätze oder unpassender Öffnungszeiten) oder von pflegebedürftigen Familienangehörigen bzw. namentlich genannten Partnern, die mit der Arbeitnehmerin/dem Arbeitnehmer in einem Haushalt leben, erschwert wird oder wenn aufgrund einer vorliegenden gesundheitlichen Beeinträchtigung die/der Mitarbeiter/-in belastet wird.

▶ *Eignung*
Ein Arbeitsplatz ist für die/den Mitarbeiter/-in nur zumutbar, wenn er für sie/ihn geeignet ist. Ein/-e Bewerber/-in ist für einen Arbeitsplatz geeignet, wenn sie/er nach Qualifikationsmaßnahmen von längstens neun Monaten Dauer den Arbeitsplatz zu übernehmen in der Lage ist. Qualifikationsmaßnahmen sind dabei sowohl Schulungen als auch Zeiten der Beschäftigung am neuen Arbeitsplatz ("Training on the job").

▶ *Regelungsform:*
Interessenausgleich oder "freiwillige" Gesamtbetriebsvereinbarung mit Fortgeltungsklausel.

## 1.3 Umschulungsmaßnahmen

136    Zur organisatorischen und arbeitsmäßigen Bewältigung der Fusion und der Arbeit im fusionierten Unternehmen sowie zur Erleichterung von Versetzungen werden in allen beteiligten Unternehmen Umschulungsmaßnahmen durchzuführen sein (s. Rdn. 116 ff.).

▶ *Regelungsform:*
Soweit im Zusammenhang mit einer Fusion geänderte Anforderungen an die Arbeitnehmer/-innen nach Auffassung des Gesamtbetriebsrats Qualifizierungsmaßnahmen erforderlich machen, hat dieser nach § 97 Abs. 2 BetrVG ein erzwingbares Mitbestimmungsrecht. Das Gleiche gilt für die Frage, wer an den Maßnahmen teilnimmt und wie sie durchgeführt werden. Kommt diesbezüglich eine Einigung zwischen Arbeitgeber und Betriebsrat nicht zustande, entscheidet die Einigungsstelle.

## 1.4 Versetzungs- und Umschulungspläne

137    Zum Erhalt der Arbeitsplätze wird es nicht ausreichen, wenn die Vereinbarung zwischen Unternehmensleitung und Gesamtbetriebsrat hierzu eine allgemeine Zusage enthält. Sicherer ist es, wenn schon möglichst genau geklärt ist, welcher Personalbedarf nach der Fusion besteht, welche Versetzungsmöglichkeiten bestehen und welche Umschulungsmaßnahmen dafür vorgesehen sind.

Wichtig ist auch, dass der Gesamtbetriebsrat/Betriebsrat regelmäßig (etwa alle 14 Tage) Übersichten über nicht besetzte bzw. frei gewordene Stellen im Unternehmen/Konzern erhält, damit er diese in den Versetzungs- und Umschulungsplan einbeziehen kann.

Da nicht auszuschließen ist, dass der neue Arbeitsplatz nicht den Erwartungen der/des versetzten Arbeitnehmerin/Arbeitnehmers entspricht, wird es sinnvoll sein, einen mehrmaligen Versetzungsanspruch zu vereinbaren.

▶ *Regelungsform:*
„freiwillige" Gesamtbetriebsvereinbarung mit Fortgeltungsklausel oder Interessenausgleich.

## 1.5 Vermeidung von Kündigungen durch Nutzung der Fluktuation

138    Diese Form des Personalabbaus ist zwar den Kündigungen vorzuziehen. Der Gesamtbetriebsrat/Betriebsrat wird jedoch genau darauf achten müssen, dass die Unternehmensleitung nicht versucht, durch „Überreden zum Auflösungsvertrag" ihren gesetzlichen sozialen Pflichten zu entgehen (insbesondere Umschulungsmaßnahmen, Sozialplanabfindungen).

▶ *Regelungsform:*
„freiwillige" Gesamtbetriebsvereinbarung mit Fortgeltungsklausel oder Interessenausgleich.

## 1.6 Möglichst langer Erhalt von Arbeitsplätzen

139    Falls der Erhalt aller Arbeitsplätze nicht möglich ist, muss versucht werden, die gefährdeten Arbeitsplätze so lange wie möglich zu erhalten. Alle Möglichkeiten des Zeitgewinns sind zu nutzen. Während der Interessenausgleichsverhandlungen ist der organisatorische Vollzug der Fusion nicht zulässig (Däubler/Kittner/Klebe, 11. Aufl., § 112a Rdn. 23 mit Hinweis auf die überwiegende Rechtsprechung; Fitting/Engels/Schmidt/Trebinger/Linsenmaier, 24. Aufl., §§ 112, 112a Rdn. 22). Falls die Unternehmensleitung gegen diesen Grundsatz verstößt, kann dagegen eine einstweilige Verfügung beantragt werden.

140        In der „freiwilligen" Gesamtbetriebsvereinbarung oder im Interessenausgleich selbst kann vorgesehen werden, dass die Fusion zeitlich gestreckt vollzogen wird. Dies kann auch wirtschaftlich einen Sinn ergeben, weil nach der Fusion in vielen Arbeitsbereichen Veränderungen eintreten. Diese werden erhebliche Einarbeitungsanstrengungen erforderlich machen. Auch Arbeitnehmer/-innen, deren Arbeitsplatz wegfallen soll, können noch für einen längeren Zeitraum als „Einarbeitungsservice" und Vertretung weiterbeschäftigt werden.

▶ *Regelungsform:*
„freiwillige" Gesamtbetriebsvereinbarung mit Fortgeltungsklausel oder Interessenausgleich.

141    Der örtliche Betriebsrat kann durch den Widerspruch gegen Kündigungen (s. Rdn. 122 ff.) den Arbeitsplatz entweder sichern helfen (weil er damit der Kündigungsschutzklage einer Arbeitnehmerin/eines Arbeitnehmers zu besseren Erfolgsaussichten verhilft) oder zumindest für einen weiteren Zeitraum erhalten (indem er damit eine wesentliche Voraussetzung für einen Weiterbeschäftigungsanspruch bis zum Ende des Rechtsstreits schafft).

## 1.7 Schutz sozial Schwächerer bei Kündigungen und Stellenbesetzungen

142    Aus Unternehmenssicht können wirtschaftliche Interessen dafür sprechen, in erster Linie solche Arbeitnehmer/-innen zu behalten, die besonders leistungsstark sind. Insbesondere Personalinformationssysteme und Personalbeurteilungssysteme werden hier die nötigen Kriterien liefern. Häufig würde dies jedoch zu unsozialen Entscheidungen führen.

143    Die gesetzlichen Vorschriften bieten der/dem einzelnen Arbeitnehmer/-in diesbezüglich nur einen unzureichenden Schutz (§ 1 Abs. 3 KSchG). Es wird daher Aufgabe des Betriebsrats sein, soziale Auswahlkriterien für besonders schutzbedürftige Personen aufzustellen (z.B. Alter, Vermittelbarkeit am Arbeitsmarkt, unterhaltsberechtigte und pflegebedürftige Personen im Haushalt). Für bestimmte Arbeitnehmer/-innen (z.B. solche, die einer vorübergehenden Abgruppierung zustimmen mussten) wird er bei der Besetzung von Stellen Vorzugsregelungen vorsehen müssen. Er sollte auch vereinbaren, dass bestimmte Kriterien bei der Auswahl auf keinen Fall Berücksichtigung finden dürfen (z.B. entschuldigte Fehlzeiten, Teilzeitbeschäftigung, Nationalität).

▶ *Regelungsform:*
Auswahlrichtlinie (s. Rdn. 109 ff.), „freiwillige" Gesamtbetriebsvereinbarung mit Fortgeltungsklausel oder Interessenausgleich.

## 1.8 Hilfestellung bei der Erlangung eines neuen Arbeitsplatzes

144    Hilfestellung bei der Erlangung eines neuen Arbeitsplatzes gehört ebenfalls zu den wichtigen Maßnahmen, die zwar den Arbeitsplatz im bisherigen Unternehmen nicht erhalten, jedoch helfen können, eine Arbeitslosigkeit zu vermeiden oder deren Dauer zu verkürzen.

Eine solche Hilfestellung kann z.B. bestehen

▶ in der Freistellung zur Qualifizierung für einen neuen Arbeitsplatz

▶ in der Finanzierung der Umschulungskosten, soweit diese nicht von der Arbeitsagentur getragen werden.

Besonders wichtig ist in diesem Zusammenhang, dass der Arbeitgeber sich verpflichtet, soweit möglich Zuschüsse bei der Arbeitsagentur für Qualifizierungsmaßnahmen und Bewerbungstraining zu beantragen und in diesem Zusammenhang ggf. einen vorgeschriebenen Eigenanteil zu leisten. Der Gesamtbetriebsrat muss darauf achten, dass die notwendigen Gespräche zwischen Unternehmen und Arbeitsagentur frühzeitig genug geführt werden. Die Maßnahmen werden von der Arbeitsagentur nur gefördert, wenn sie noch während des laufenden Arbeitsverhältnisses durchgeführt werden.

▶ *Regelungsform:*
Sozialplan oder „freiwillige" Gesamtbetriebsvereinbarung mit Fortgeltungsklausel.

## 2 Erhalt des Einkommens

145 Der Erhalt eines Arbeitsplatzes im Unternehmen/Konzern bedeutet nicht zwangsläufig, dass auch das bisherige Einkommen gesichert ist. Insbesondere tariflich nicht gesicherte Prämien, Leistungsentgelte, andere übertarifliche Zahlungen sowie freiwillige widerrufliche Zahlungen können gefährdet sein (s. Rdn. 39 f.). Aber auch tarifliche Entgelte können gefährdet sein, wenn das aufnehmende Unternehmen einem anderen oder gar keinem Tarifvertrag unterliegt.

## 2.1 Garantie des bisherigen Entgelts

146 In der vom Gesamtbetriebsrat/Betriebsrat vereinbarten Regelung wird zu klären sein,

▶ dass alle Entgeltleistungen des Unternehmens auch nach der Fusion auf unbegrenzte Dauer oder für eine bestimmte Anzahl von Jahren, die über die Mindestregelung des § 613a BGB hinausgeht, garantiert werden, auch wenn sie nicht oder nicht mehr tariflich abgesichert sind

▶ dass die Entgeltleistungen entsprechend den tariflichen Erhöhungen bzw. entsprechend der darüber hinausgehenden betrieblichen Praxis erhöht werden, auch wenn sie nicht (mehr) tariflich abgesichert sind.

147 Die Unternehmensleitung wird stattdessen möglicherweise vorschlagen, dass eine allmähliche Angleichung an die im aufnehmenden Unternehmen gezahlten Entgelte erfolgt. Falls eine solche Regelung unvermeidbar ist, sollte zumindest versucht werden, zu vereinbaren, dass die Angleichung durch allmähliche Verrechnung mit den Entgelterhöhungen im aufnehmenden Unternehmen erfolgt.

▶ *Regelungsform:*
Sozialplan oder „freiwillige" Gesamtbetriebsvereinbarung mit Fortgeltungsklausel.

## 2.2 Keine Abgruppierung bei Versetzungen

148 Generell sollte festgelegt werden, dass bei Versetzungen eine Abgruppierung nicht (bzw. für einen zeitlich begrenzten Zeitraum nicht) erfolgt. Falls sie aus bestimmten Gründen vorübergehend unvermeidbar ist, dann sollte auch hier eine Entgeltsicherung in der oben (s. Rdn. 146 f.) beschriebenen Weise erfolgen. Die genauen Bedingungen, der Umfang, die Verfahrensweise und der Zeitraum sollten genau festgelegt werden.

▶ *Beispiele für Bedingungen für Versetzungen auf geringerwertige oder unzumutbare Arbeitsplätze:*
▷ Wenn kein gleichwertiger, zumutbarer Arbeitsplatz im Konzern/Unternehmen angeboten werden kann
▷ wenn ohne Versetzung auf einen geringerwertigen bzw. unzumutbaren Arbeitsplatz die Kündigung aus betriebsbedingten Gründen unvermeidbar ist
▷ wenn die/der Arbeitnehmer/-in ausdrücklich die Versetzung auf diesen geringerwertigen Arbeitsplatz wünscht
▷ wenn die Dauer dieser Versetzung 3 Monate[*] nicht überschreitet, beginnend mit dem Zeitpunkt, zu dem eine ordentliche Kündigung möglich wäre
▷ wenn diese/-r Arbeitnehmer/-in bei der Besetzung von höherwertigen Stellen (d.h. gemessen an der ursprünglichen Stelle gleichwertigen oder höherwertigen) bevorzugt berücksichtigt wird und bei Bedarf auch bevorzugt Umschulungsmaßnahmen für die höherwertige Stelle angeboten bekommt

---

[*]    Es sollte ein möglichst kurzer Zeitraum vereinbart werden.

▷ wenn die/der Arbeitnehmer/-in für die Dauer ihrer/seiner Versetzung mindestens das gleiche Entgelt erhält, einschließlich aller Nebenleistungen und Sozialleistungen, wie auf der ursprünglichen Stelle

▷ wenn der örtliche Betriebsrat nach Prüfung dieser Voraussetzungen der Versetzung zugestimmt hat.

▶ *Regelungsform:*
Die hier vorgeschlagenen Regelungsinhalte sind zum Teil im Interessenausgleich, zum Teil im Sozialplan und zum Teil in einer Auswahlrichtlinie zu regeln. Denkbar ist auch, alles zusammen in einer „freiwilligen Gesamtbetriebsvereinbarung" zu regeln.

## 3 Erhalt des sozialen Besitzstands

149     Je nach Art des sozialen Besitzstands werden in der Regelung zwischen Gesamtbetriebsrat und Unternehmensleitung geeignete Sicherungen zu vereinbaren sein.
        Die Regelung sollte zunächst allgemein festlegen, dass für einen bestimmten Zeitraum oder sogar auf Dauer der bisherige soziale Besitzstand wenigstens erhalten bleibt. Darüber hinaus können die einzelnen Elemente des Besitzstands aufgeführt werden.

▶ *Regelungsform:*
Interessenausgleich oder „freiwillige" Gesamtbetriebsvereinbarung mit Fortgeltungsklausel.

## 4 Absicherung der Arbeitsbedingungen

150     Auch hier ist zu unterscheiden zwischen Veränderungen, die allein schon durch den Übergang von Betrieben der übertragenden Unternehmen auf das aufnehmende Unternehmen entstehen, und Nachteilen, die durch spätere Versetzungen entstehen.
        Im Zusammenhang mit dem Übergang von Betrieben könnte zum Beispiel versucht werden, eine daraus resultierende Steigerung der Arbeitsleistung auszuschließen, wenn im aufnehmenden Unternehmen die Arbeitsanforderungen wesentlich höher sind als in den übertragenden Unternehmen. Zumindest auf Dauer wird dies nicht möglich sein, da die Steigerung der Arbeitsleistung auch ohne den Übergang zu erwarten gewesen wäre.

Möglicherweise kann hier ein Stufenplan zur Anpassung vereinbart werden. Eine Regelung zur Absicherung von Arbeitsbedingungen gibt allerdings nur einen Sinn, wenn die Arbeitsbedingungen so genau beschrieben werden können, dass eine Änderung überhaupt feststellbar ist. Hierzu wird der Betriebsrat häufig die Unterstützung durch Sachverständige benötigen.

▶ *Regelungsform:*
Interessenausgleich oder „freiwillige" Gesamtbetriebsvereinbarung mit Fortgeltungsklausel.

## 5 Vermeidung oder Ausgleich sonstiger Nachteile

151 Je genauer die Kenntnisse über den organisatorischen Vollzug der Fusion und die Bedingungen in den einzelnen Unternehmen sind, desto leichter ist es möglich, weitere Nachteile durch die Fusion in der Vereinbarung konkret auszuschließen bzw. finanziell auszugleichen.

## 5.1 Erstattung aller direkten und indirekten Kosten eines Ortswechsels

152 Arbeitnehmerinnen/Arbeitnehmern, die im Zusammenhang mit der Fusion an einen anderen Ort umziehen müssen, sollten u.a. folgende Kosten erstattet werden:
▶ Erstattung zusätzlicher Kosten durch weitere Anfahrt zur Arbeit
▶ finanzielle Abgeltung zusätzlicher Wegezeit, soweit keine Zeitanrechnung oder kein Freizeitausgleich erfolgt
▶ Erstattung des Verlustes wegen Aufgabe einer bisherigen Eigentumswohnung bzw. eines bisherigen Eigenheims
▶ Umzugskosten und Umzugsnebenkosten
▶ Wochenendheimfahrten zu Familie, Lebensgefährtin/Lebensgefährte
▶ Fahrtkosten der Familie/der Lebensgefährtin/des Lebensgefährten für Wochenendbesuche am neuen Wohnort
▶ Zusatzaufwendungen für doppelte Haushaltsführung
▶ zusätzliche Aufwendungen infolge der ungeplanten Aufgabe der Wohnung/ des Eigenheims, einschließlich zusätzlicher Kreditkosten, Nichtveräußerbarkeit von Einrichtungsgegenständen.

Bei diesen Regelungen spielt die Dauer der Absicherung eine besondere Rolle. Die Absicherung erfolgt im Optimalfall auf Dauer des Beschäftigungsverhältnisses. Häufig vereinbart wird eine Absicherung für fünf Jahre. Die Absicherung sollte auf keinen Fall unter zwei Jahren liegen.

▶ *Regelungsform:*
Sozialplan oder „freiwillige" Betriebsvereinbarung mit Fortgeltungsklausel.

## 5.2 Ausgleichsleistungen für den Wegfall von Entgeltbestandteilen oder sonstigen Leistungen

153   Da das Gesetz die Arbeitnehmer/-innen nur unvollständig vor Nachteilen bei Fusionen schützt, werden in der „freiwilligen" Betriebsvereinbarung oder im Sozialplan Regelungen aufzunehmen sein, die Nachteile ausgleichen, für die vom Gesetz her kein automatischer Ausgleich erfolgt.

Diese Nachteile für die Arbeitnehmer/-innen der übertragenden Unternehmen können im aufnehmenden Unternehmen u.a. in Folgendem bestehen:

▶ geringeres Entgelt
▶ niedrigere sonstige Leistungen
▶ Verlust verfallbarer Anwartschaften (Altersversorgung)
▶ Wegfall von Urlaub
▶ längere Arbeitszeit
▶ ungünstigere Arbeitszeitregelung.

Alle diese möglichen Nachteile müssen vom Gesamtbetriebsrat aufgelistet und bewertet werden, damit im Sozialplan oder in der „freiwilligen" Gesamtbetriebsvereinbarung ein entsprechender Ausgleich vereinbart werden kann.

Auch für die Arbeitnehmer/-innen im aufnehmenden Unternehmen können im Zusammenhang mit Versetzungen solche Nachteile entstehen. Auch für sie ist daher in einem Sozialplan oder in der „freiwilligen" Gesamtbetriebsvereinbarung eine entsprechende Ausgleichsregelung aufzunehmen.

Auch bei diesen Regelungen spielt die Dauer der Absicherung eine besondere Rolle. Die Absicherung erfolgt im Optimalfall auf Dauer des Beschäftigungsverhältnisses. Häufig wird eine Absicherung für fünf Jahre vereinbart. Die Absicherung sollte auf keinen Fall unter zwei Jahren liegen.

▶ *Regelungsform:*
Sozialplan oder „freiwillige" Gesamtbetriebsvereinbarung mit Fortgeltungsklausel.

## 5.3 Abfindungen für den Verlust des Arbeitsplatzes

154 Unvermeidbarer Arbeitsplatzverlust ist durch angemessen hohe Abfindungszahlungen zu entschädigen. Die einzige Beschränkung für die Höhe der Sozialplanleistungen ist die wirtschaftliche Vertretbarkeit für das Gesamtunternehmen. Hilfreich ist in vielen Fällen eine Gegenüberstellung zwischen Einsparungen durch die Fusion und den Sozialplankosten (BAG, Beschluss vom 27.10.1987, BB 1988, S. 761 ff.). Auf keinen Fall stellt § 10 KSchG eine Obergrenze für Abfindungen dar.

Für den Fall der erzwungenen Verminderung der Arbeitszeit und für den Fall der erzwungenen Absenkung der Vergütung sollte eine Teilabfindung vereinbart werden.

155 Folgende Kriterien werden bei der Berechnung der Abfindung oft zugrunde gelegt:
▶ Bruttomonatseinkommen (Gesamtjahreseinkommen durch 12)
▶ Beschäftigungszeit im Unternehmen/Konzern (angefangene Beschäftigungsjahre)
▶ Alter (angefangene Lebensjahre)
▶ unterhaltsberechtigte Personen (wobei auch die Zahl der Unterhaltsverpflichteten mit berücksichtigt werden sollte)
▶ Erziehungspflichten
▶ Schwerbehinderung.

Zur rechnerischen Ermittlung des Abfindungsbetrags kommen u.a. folgende Verfahren in Betracht:

*1. Eine Rechenformel für die Höhe der Abfindung kann vereinbart werden, z.B.:*

Alter x Jahre der Betriebszugehörigkeit x Bruttomonatsentgelt[*]
geteilt durch 25

---

[*] Bruttojahresarbeitsentgelt geteilt durch 12

Das würde bedeuten, dass eine 30-Jährige mit einem Bruttomonatsentgelt von € 2.000,– und 5-jähriger Betriebszugehörigkeit als Abfindung € 12.000,– erhalten würde.

Für die Berücksichtigung weiterer sozialer Gesichtspunkte könnten Festbeträge vorgesehen werden, z.B. generell oder pro Kind (bei Alleinunterhaltsverpflichtung) € 5.000,–.

*2. Die Abfindungshöhe für verschiedene Fallgestaltungen wird in einer Tabelle festgelegt*
In einer Tabelle werden für die verschiedenen Arten von Empfangsberechtigten Festbeträge aufgelistet. Dies hat den Vorteil, dass die betroffenen Arbeitnehmer/-innen leichter ablesen können, was ihnen zusteht. Dieses Verfahren hat aber den Nachteil, dass sich in einer Tabelle immer nur zwei variable Faktoren berücksichtigen lassen. So wäre z.B. die Berücksichtigung von Alter, Betriebszugehörigkeit und Bruttomonatsentgelt in einer Tabelle etwas schwierig bzw. unübersichtlich.

*3. Vereinbarung einer Punktetabelle*
Für Lebensalter, Betriebszugehörigkeitsjahre und Sozialfaktoren werden Punkte in einer Tabelle festgelegt. Es wird vereinbart, welcher Betrag pro Punkt gezahlt wird (entweder ein Festbetrag oder ein bestimmter Prozentsatz vom Bruttoentgelt).

▶ *Regelungsform:*
Sozialplan oder „freiwillige" Gesamtbetriebsvereinbarung mit Fortgeltungsklausel.

## 6 Anspruchsvoraussetzungen

156 Es genügt nicht, im Sozialplan Abfindungsregelungen zu vereinbaren. Jeder Interessenausgleich und jeder Sozialplan muss auch genaue Regelungen über die Anspruchsberechtigten und die Anspruchsbedingungen enthalten. Nachfolgende Beispiele liefern dafür einige Hinweise.

▶ *Anspruchsberechtigte (persönlicher Geltungsbereich)*
Wer ist leistungsberechtigt? Zum Beispiel alle Arbeitnehmer/-innen, die
▷ ab einem bestimmten Zeitpunkt
▷ aufgrund betriebsbedingter Kündigung

▷ aufgrund eines Abwicklungsvertrags oder
▷ aufgrund einer Eigenkündigung (bei Eigenkündigungen sollte unterstellt werden, dass auch diese durch die Fusion veranlasst sind)
aus dem Unternehmen ausscheiden. Auf keinen Fall sollte eine Regelung in den Sozialplan aufgenommen werden, die vorsieht, dass nur Arbeitnehmer/-innen einen Anspruch haben, die sich in einem ungekündigten Arbeitsverhältnis befinden.

▶ *Kein Ausschluss für Teilzeitkräfte oder Aushilfen*
Es gibt keine Veranlassung, Teilzeitkräfte oder Aushilfen vom Geltungsbereich auszunehmen. In der Regel wird dies vielmehr rechtswidrig sein, wegen unzulässiger Diskriminierung.

▶ *Kein Ausschluss von befristet Beschäftigten*
Soweit die Befristung unwirksam ist oder eine Beendigung des befristeten Arbeitsverhältnisses vor dem vereinbarten Termin vorgesehen ist, sind diese ohnehin wie Festangestellte zu behandeln. Auch wenn die Befristung wirksam ist, besteht ein Schutzbedürfnis.

▶ *Kein Anspruchsverlust durch Kündigungsschutzklage*
Es steht den betroffenen Arbeitnehmerinnen/Arbeitnehmern frei, sich durch eine Kündigungsschutzklage gegen eine Kündigung zu wehren. Abfindungsansprüche entfallen lediglich, wenn die betroffenen Arbeitnehmer/-innen mit der Klage obsiegen und weiterbeschäftigt werden.

▶ *Vererbbarkeit und Entstehen der Ansprüche*
Es ist darauf zu achten, dass die Vererbbarkeit und Abtretbarkeit der Ansprüche nicht ausgeschlossen ist. Als Zeitpunkt für die Entstehung der Ansprüche sollte der Termin des Abschlusses eines Abwicklungsvertrags festgelegt werden.

▶ *Geltungsdauer der Regelung (z.B. 5 Jahre)*
Es ist darauf zu achten, dass die Geltungsdauer der Vereinbarung nicht kürzer ist als die darin geregelten Fristen (z.B. Kündigungsschutz, Besitzstandsschutz).

# 7. Checkliste für Interessenausgleich und Sozialplan (bzw. „freiwillige" Gesamtbetriebsvereinbarung)

157    Jede Verschmelzung verläuft unterschiedlich. Ein Standard-Interessenausgleich und ein Standard-Sozialplan sind daher nicht sinnvoll. Die nachfolgende Auflistung enthält daher nur Beispiele. Der Gesamtbetriebsrat sollte auf jeden Fall Sachverständige zur Beratung hinzuziehen. Die rechtliche Grundlage hierfür liefert bei Betriebsänderungen in Unternehmen mit mehr als 300 Arbeitnehmerinnen/Arbeitnehmern § 111 Satz 2 BetrVG. Der Gesamtbetriebsrat entscheidet danach selber – nach Einholung eines oder mehrerer Angebote – über die Hinzuziehung einer Beraterin/eines Beraters. Da es sich bei Fusionen um äußerst komplizierte Sachverhalte handelt, wird die Hinzuziehung einer Beraterin/eines Beraters in der Regel geboten sein. Einer Genehmigung durch den Arbeitgeber bedarf dies nicht. Der Anspruch auf die Beraterin/den Berater besteht auch dann, wenn noch nicht feststeht, ob bzw. wann eine Betriebsänderung von der Unternehmensleitung geplant wird.

158    Auch wenn die Voraussetzungen des § 111 BetrVG nicht erfüllt sind (z.B. wegen zu geringer Beschäftigtenzahl), kann dennoch ein Sachverständiger nach § 80 Abs. 3 BetrVG hinzugezogen werden. Auch in diesem Fall muss der Gesamtbetriebsrat – nach Einholung eines oder mehrerer Angebote – einen Beschluss fassen. Anschließend ist die Kostenübernahmezusage vom Arbeitgeber einzuholen. Verweigert der Arbeitgeber die Zusage, kann diese vom Arbeitsgericht im Beschlussverfahren ersetzt werden.

159    **Mögliche Regelungen im Interessenausgleich**

▶ *Zum Erhalt der Arbeitsplätze*
▷ Kein Abbau von Arbeitsplätzen
▷ Standortsicherung bzw. Erhalt von Aktivitäten oder Geschäftsfeldern
▷ Aufgabenverteilung im fusionierten Unternehmen
▷ keine betriebsbedingten oder personenbedingten Kündigungen
▷ keine erzwungene Reduzierung der Arbeitszeit
▷ keine Änderungskündigungen
▷ Entfristung von befristeten Arbeitsverhältnissen
▷ Nutzung von Versetzungsmöglichkeiten auf gleichwertige, zumutbare Arbeitsplätze
▷ Umschulung während der Arbeitszeit und auf Kosten des Arbeitgebers
▷ Nutzung der Fluktuation

▷ Versetzungs- und Umschulungspläne

▷ Zeitplanung

▷ zur Vermeidung von Entlassung können im Sozialplan großzügige Altersteilzeit- und Vorruhestandsregelungen getroffen werden.

▶ *Zur Verzögerung von Kündigungen*

▷ Zeitgewinn durch Interessenausgleichsverhandlungen

▷ zeitlich gestreckter, stufenweiser Personalabbau

▷ Einarbeitungsservice (Arbeitnehmer/-innen werden zur Einarbeitung eingesetzt)

▷ Vertretungsservice (Arbeitnehmer/-innen werden zur Vertretung eingesetzt)

▷ Überstundenservice (Überstunden werden nicht genehmigt, solange Arbeitnehmer/-innen, die zur Entlassung vorgesehen sind, die Arbeiten verrichten können).

▶ *Schutz sozial Schwächerer bei Kündigungen*

Zum Schutz sozial Schwächerer können Punkte zur Ermittlung der Sozialauswahl festgelegt werden. Je mehr Punkte jemand erzielt, desto stärker ist sie/er im Rahmen der sozialen Auswahl geschützt vor betriebsbedingten Beendigungskündigungen. Kriterien können z.B. sein:

▷ Alter (pro angefangenes Lebensjahr 1 Punkt)

▷ Betriebszugehörigkeitszeit (pro angefangenes Beschäftigungsjahr 1 Punkt)

▷ Unterhaltsberechtigte

▷ pflegebedürftige Personen im Haushalt (pro Person 5 Punkte)

▷ Schwerbehinderung (10 Punkte; bei teilweiser Schwerbehinderung anteilige Punktezahl)

▷ Namensliste (nur wenn sie nicht zur Benachteiligung sozial Schwächerer führt).

▶ *Erhalt des Einkommens*

▷ Garantie des bisherigen Entgelts (tariflich abgesicherte und nicht abgesicherte, auch widerrufliche Leistungen) als Mindestentgelt auf unbegrenzte Dauer

▷ keine Abgruppierung bei Versetzungen

▷ bei unvermeidbaren Abgruppierungen: Entgeltgarantie mit Anrechnung von Gehaltssteigerungen.

▶ *Erhalt des sozialen Besitzstands*

▷ Garantie eines konkreten Leistungskatalogs auf unbegrenzte Dauer.

▶ *Zeitanrechnung oder -ausgleich bei verlängerter Wegezeit*
▷ Anrechnung von verlängerter Wegezeit auf die Arbeitszeit oder Anspruch auf Freizeitausgleich.

▶ *Absicherung der Arbeitsbedingungen*
▷ Garantie genau beschriebener Arbeitsbedingungen.

▶ *Vereinbarung von fusionsbegleitenden Qualifizierungsmaßnahmen*
▷ Genaue Beschreibung der Maßnahmen sowie der Voraussetzungen für die Teilnahmeberechtigung, der zeitlichen Lage (während der Arbeitszeit) einschließlich An- und Abreise, Freizeitausgleichsregelungen (falls Seminarzeiten sowie An- und Abreisezeiten unvermeidlich außerhalb der Arbeitszeit liegen), Sonderregelungen für Teilzeitkräfte, für Arbeitnehmer/-innen mit schulpflichtigen Kindern und pflegebedürftigen Personen im Haushalt.
▷ Verpflichtung des Arbeitgebers zur Inanspruchnahme der Zuschüsse der Agentur für Arbeit.

160    **Mögliche Regelungen im Sozialplan**

▶ *Kosten infolge einer Verlagerung des Arbeitsorts*
▷ Erstattung der Umzugskosten, Umzugsnebenkosten (Maklerkosten, zusätzliche Renovierungskosten, Pauschale für neue Wohnungseinrichtung)
▷ Freistellung zur Wohnungssuche
▷ Erstattung von Kosten für Wohnungssuche und Wohnungsbesichtigung
▷ Erstattung zusätzlicher Fahrtkosten
▷ Erstattung der Kosten für Heimfahrten
▷ Erstattung der Kosten für doppelte Haushaltsführung
▷ Erstattung von Wertverlust bei Verkauf/Kauf von Eigenheimen
▷ Abgeltung zusätzlicher Fahrtzeiten (soweit keine Anrechnung auf die Arbeitszeit oder Freizeitausgleich erfolgt).

▶ *Ausgleichsleistungen für den Wegfall von Entgeltbestandteilen, Freizeit, Urlaub oder sozialen Leistungen*

▶ *Ausgleichsleistungen für die Verschlechterung der Arbeitsbedingungen*

▶ *Qualifizierungsmaßnahmen*
▷ Qualifizierungsmaßnahmen während der Arbeitszeit, vor Beendigung des Arbeitsverhältnisses, auf Kosten des Unternehmens (soweit die Kosten nicht von der Agentur für Arbeit getragen werden)
  – zur Schaffung der nötigen Qualifikation bei Versetzungen
  – Bewerbungstraining (Outplacement-Beratung)
  – zur Erlangung der notwendigen Qualifikation bei Neubewerbungen.

▶ *Abfindungen für den Verlust des Arbeitsplatzes bzw. Teilabfindung für die Reduzierung der Arbeitszeit oder wegen der Vereinbarung von Altersteilzeit oder Vorruhestand*
▷ Berücksichtigung von Alter, Betriebszugehörigkeit, Bruttojahresentgelt, unterhaltsberechtigten Personen, pflegebedürftigen Personen, Schwerbehinderung
▷ Ausgleich für den Verlust von Sozialleistungen (z.B. verfallbare Anwartschaften auf betriebliche Altersversorgung, Rentenminderung infolge Altersteilzeit oder Vorruhestand).

▶ *Vereinbarung von Altersteilzeit oder Vorruhestand*
▷ Festlegung der Voraussetzungen (in der Regel Alter, Betriebszugehörigkeit) für einen Anspruch auf Altersteilzeit bzw. Vorruhestand
▷ Wahlrecht für betroffene Arbeitnehmer/-innen zwischen Abfindung, Altersteilzeit oder Vorruhestand
▷ Höhe der Bezüge während der Altersteilzeit bzw. während des Vorruhestands, Höhe der Einzahlung in die gesetzliche Rentenversicherung und gegebenenfalls in die betriebliche Altersversorgung
▷ möglichst Vermeidung von Rentenminderung durch entsprechende Einzahlung oder gesonderte Abfindung für Rentenminderung.

▶ *Beilegung von Meinungsverschiedenheiten*
▷ Einrichtung einer ständigen Einigungsstelle oder Festlegung, dass bei Meinungsverschiedenheiten die Einigungsstelle angerufen werden kann.

# I Checkliste bei bevorstehenden Fusionen

161 ▶ *Informationen besorgen durch (Gesamt-)Betriebsrat, Wirtschaftsausschuss, Aufsichtsrat über:*

▷ Wirtschaftlichkeits-, Organisations- und Marktanalysen, die für die Durchführung einer Fusion sprechen und aus denen erkennbar wird, ob eine Fusion überhaupt sinnvoll ist und welche Art von Fusionspartner sinnvoll wäre

▷ in Betracht gezogene Fusionspartner

▷ Welches soll die übertragende und welches die übernehmende Gesellschaft sein?

▷ genaue betriebswirtschaftliche Darstellung der erwarteten Synergieeffekte

▷ personelle und wirtschaftliche Daten der in Betracht gezogenen Fusionspartner (Personalstruktur in den einzelnen Betrieben, Deckungsbeitragsrechnung der einzelnen Betriebe)

▷ geltende Tarifverträge, (Gesamt-)Betriebsvereinbarungen, Besoldungsrichtlinien, betriebliche Übungen, freiwillige soziale Leistungen bei allen beteiligten Unternehmen

▷ Organisation und Struktur der anderen beteiligten Unternehmen

▷ Entwurf der geplanten Verschmelzungsverträge und gegebenenfalls der Geschäftsbesorgungsverträge

▷ Terminplan für den rechtlichen und organisatorischen Vollzug der Verschmelzung

▷ nach der Fusion vorgesehene Führungs- und Organisationsstruktur sowie den vorgesehenen Geschäftsverteilungsplan

▷ geplanten Personalbedarf und Stellenbeschreibungen in den einzelnen Bereichen des aufnehmenden Unternehmens für die ersten drei Jahre nach rechtlichem Vollzug der Fusion

▷ sonstige Planungen für die Zeit nach der Verschmelzung und deren Auswirkungen auf die Arbeitnehmer/-innen in Bezug auf Arbeitsplätze, Einkommen, Arbeitsbedingungen, Arbeitsbelastungen, Arbeitsintensität, Arbeitszeiten, betriebliche Sozialleistungen

▷ Gutachten des Verschmelzungsprüfers/Prüfungsverbands

▷ Schlussbilanzen der übertragenden Unternehmen sowie alle weiteren Unterlagen, mit denen der Vorstand die Hauptversammlung/Gesellschafterversammlung/Generalversammlung zu informieren beabsichtigt.

▶ *Alternativen entwickeln (lassen)*

▷ Wirtschaftliche Alternativen zur Fusion entwickeln, um die Fusion möglicherweise überflüssig zu machen

▷ soziale Alternativen zur Art der geplanten Fusion entwickeln, um die Folgen zu mildern

▷ Alternativen zur geplanten organisatorischen Umsetzung der Fusion entwickeln, damit die sozialen Folgen weniger nachteilig für die Arbeitnehmer/ -innen sind.

▶ *Schutzbedarf ermitteln*

▷ Bedrohte Arbeitsplätze (welcher Arbeitsplatz in welchem Betrieb)

▷ Sozialdaten der Beschäftigten (Alter, Betriebszugehörigkeit, Schwerbehinderung, unterhaltsberechtigte Personen)

▷ tarifliche und außertarifliche Einkommensteile in den beteiligten Unternehmen

▷ sozialer Besitzstand

▷ Qualifikation

▷ soziale Lage aller Arbeitnehmer/-innen

▷ Tarifverträge, (Gesamt-)Betriebsvereinbarungen, betriebliche Übungen und freiwillige soziale Leistungen in allen beteiligten Unternehmen (genaue Erfassung der Anspruchsberechtigten)

▷ Umfang der zu erwartenden wirtschaftlichen Nachteile für die Arbeitnehmer/-innen.

▶ *Beteiligungs- und Mitbestimmungsmöglichkeiten ausschöpfen*

▷ Interessenausgleich zur Regelung ob, wie und in welchen Schritten die Fusion vollzogen werden soll

▷ Sozialplan zum Ausgleich von Nachteilen

▷ Ausschreibung von Arbeitsplätzen, um Beschäftigten Hinweise über freie Arbeitsplätze zu liefern

▷ Auswahlrichtlinien, um sicherzustellen, dass die von der Fusion bedrohten Arbeitnehmer/-innen bei Stellenbesetzungen bevorzugt werden

▷ Vereinbarung über Beurteilungsgrundsätze, um indirekt auf Stellenbesetzungen und Vergütungen Einfluss zu nehmen

▷ Vereinbarung über Personalbeurteilung (nur sofern Personalbeurteilung ohnehin vorgenommen wird), um indirekt auf Stellenbesetzung und Vergütungen Einfluss zu nehmen

▷ Vereinbarung über die Durchführung betrieblicher Bildungsmaßnahmen

▷ Mitbestimmung bei personellen Einzelmaßnahmen
▷ Widerspruch bei Kündigungen.

▶ *Rechtliche Durchsetzung der Informations- und Beteiligungsrechte*
▷ Einigungsstelle auf Initiative des Gesamtbetriebsrats
  – beim Informationsanspruch des Wirtschaftsausschusses
  – zur Durchsetzung von notwendigen Qualifizierungsmaßnahmen im Zusammenhang mit Fusionen
  – zur Klärung der Teilnahmeberechtigung an Bildungsmaßnahmen
  – zur Durchsetzung einer Betriebsvereinbarung über eine Auswahlrichtlinie
▷ Arbeitsgerichtliches Beschlussverfahren beim Informationsanspruch des (Gesamt-)Betriebsrats, beim Widerspruch gegen die Bestellung oder die Abberufung von betrieblichen Ausbildern und bei personellen Einzelmaßnahmen
▷ Klage vor dem Zivilgericht für die Durchsetzung des Informationsanspruchs im Aufsichtsrat.

# J Typische Argumente der Unternehmensleitung

162    Je weniger Fusionsverluste der Arbeitnehmer/-innen ausgeglichen werden müssen, desto höher sind die Rationalisierungsgewinne der beteiligten Unternehmen. Es existiert deshalb inzwischen ein ganzer Katalog von Standardausreden, mit denen Unternehmensleitungen insbesondere die Betriebsräte an einer wirksamen Interessenvertretung zu hindern versuchen. Auch wenn die Anwendung solcher Ausreden in jedem Unternehmen unterschiedlich ist, ist es nützlich, darauf vorbereitet zu sein.

▶ *Ausrede Nr. 1*
Konkrete Planungen hinsichtlich einer Fusion existieren noch nicht. Der Vorstand hat nur Vorüberlegungen angestellt. Betriebsräte, Wirtschaftsausschuss und Aufsichtsrat müssten erst unterrichtet werden, wenn der Vorstand seine Planungen abgeschlossen hat.

▷ *Die Antwort des (Gesamt-)Betriebsrats, Wirtschaftsausschusses, Aufsichtsrats*
Die Argumentation des Vorstands ist falsch. Fusionen ereignen sich nicht zufällig und auch nicht von heute auf morgen. Wirtschaftsausschuss und Aufsichtsrat müssen auch über die wirtschaftlichen Hintergründe von Fusionsüberlegungen des Vorstands unterrichtet werden. Wirtschaftsausschuss und Aufsichtsrat müssen so frühzeitig einbezogen werden, dass sie auf die Planungen des Vorstands noch Einfluss nehmen können. Zu Beginn der ersten Überlegungen geht es insbesondere um eine Einflussnahme auf folgende Fragen:

▷ Ob überhaupt eine Fusion vorgenommen wird
▷ welche Alternativen es gibt, um eventuelle wirtschaftliche Probleme zu lösen
▷ mit welcher Gesellschaft eine Fusion vorgenommen wird
▷ welche die übernehmende und welche die übertragende Gesellschaft sein soll
▷ welche betriebsorganisatorischen und unternehmensstrategischen Zielsetzungen mit der Fusion verbunden werden, welche betriebswirtschaftlichen Risiken damit verbunden sind, wie diese Risiken kontrolliert bzw. eingeschränkt werden sollen
▷ inwieweit die Fusion zur Folge haben wird, dass Arbeitsplätze vernichtet werden oder anderweitig zu Lasten der Arbeitnehmer/-innen Kosten eingespart werden.

▶ *Ausrede Nr. 2*
Die Informationen über die geplante Fusion beinhalten Betriebs- und Geschäftsgeheimnisse. Mit den Gesprächs- und Verhandlungspartnern ist absolute Vertraulichkeit vereinbart.

▷ *Die Antwort des (Gesamt-)Betriebsrats, Wirtschaftsausschusses, Aufsichtsrats*
(Gesamt-)Betriebsrat, Wirtschaftsausschuss und Aufsichtsrat sind in allen Angelegenheiten zu unterrichten, die ihre Arbeit betreffen. Bei Fusionen muss die Unterrichtung schon im frühesten Planungsstadium erfolgen. Dies gilt auch dann, wenn es sich bei den Informationen um Betriebs- und Geschäftsgeheimnisse handelt. Gegenüber diesen drei Gremien darf sich der Vorstand nicht auf Betriebs- und Geschäftsgeheimnisse berufen. Diese Gremien unterliegen vielmehr selber einer gesetzlichen Verschwiegenheitspflicht, damit sie echte Betriebs- und Geschäftsgeheimnisse nicht weitergeben. Von dieser Einschränkung sind sie allerdings befreit, wenn Arbeitnehmerinteressen stark betroffen sind.

Dies wird insbesondere dann der Fall sein, wenn vom Vorstand entschieden ist, dass die Fusion durchgeführt werden soll. Angesichts des drohenden Arbeitsplatzverlustes müssen die Arbeitnehmer/-innen unterrichtet werden. Nach dem Gesetz wäre dies sogar Aufgabe des Arbeitgebers (§ 81 BetrVG).

▶ *Ausrede Nr. 3*
Betriebsrat und Wirtschaftsausschuss erhalten nur dann die Informationen, wenn kein/-e Gewerkschaftsvertreter/-in an der Sitzung teilnimmt und auch anschließend die Gewerkschaft nicht unterrichtet wird.

▷ *Die Antwort von (Gesamt-)Betriebsrat und Wirtschaftsausschuss*
Die nach dem Gesetz vorgeschriebene Aufgabe der Gewerkschaften (§§ 2, 3, 31, 37 BetrVG) ist es unter anderem, die Betriebsräte zu unterstützen. Gesetz und Rechtsprechung schreiben daher ausdrücklich das Recht der Gewerkschaften auf Teilnahme an den Sitzungen der Betriebsräte und des Wirtschaftsausschusses vor, wenn eine entsprechende Anzahl von Betriebsratsmitgliedern (ein Viertel der Mitglieder) oder die Mehrheit des Wirtschaftsausschusses – nach entsprechender Ermächtigung durch den Gesamtbetriebsrat – dies beschließt (BAG, Beschluss vom 25.6.1987 - 6 ABR 45/85, DB 1987, S. 2468 ff.). Da die Gewerkschaftsbeauftragten derselben gesetzlichen Verschwiegenheitspflicht unterliegen wie die Betriebsratsmit-

glieder und Wirtschaftsausschussmitglieder (§ 79 BetrVG), ergeben sich auch keine Probleme mit der Geheimhaltung.

▶ *Ausrede Nr. 4*
Die Unterrichtung von Betriebsräten und Wirtschaftsausschuss kann nur mündlich erfolgen.

▷ *Die Antwort von (Gesamt-)Betriebsrat und Wirtschaftsausschuss*
In den §§ 80 Abs. 2 und 106 Abs. 2 BetrVG ist ausdrücklich die Unterrichtung des Betriebsrats und des Wirtschaftsausschusses anhand von schriftlichen Unterlagen vorgeschrieben. Gerade im Zusammenhang mit geplanten Fusionen ist die schriftliche Unterrichtung von (Gesamt-)Betriebsrat und Wirtschaftsausschuss wichtig, weil es um eine Vielzahl von Detailinformationen geht, wie z.B.

▷ Wirtschaftlichkeitsberechnungen
▷ Verschmelzungsvertrag
▷ Prüfungsbericht über die Verschmelzung
▷ Zeitplan für den Vollzug der Fusion
▷ organisatorischer Vollzug der Fusion
▷ Personalbedarf vor, während und nach Vollzug der Fusion sowie die Stufen des Personalabbaus.

▶ *Ausrede Nr. 5*
Da die Betriebe nach § 613a BGB übergehen, besteht kein Bedarf für den Abschluss von Interessenausgleich und Sozialplan.

▷ *Die Antwort des (Gesamt-)Betriebsrats*
Durch § 613a BGB wird lediglich der Übergang der Arbeitsverhältnisse geregelt. Die Regelung gewährt den Arbeitnehmerinnen/Arbeitnehmern der übergehenden Betriebe lediglich einen kurzfristigen Mindestschutz. Sie gewährt den Arbeitnehmerinnen/Arbeitnehmern der übertragenden und der aufnehmenden Gesellschaft jedoch keinerlei Schutz vor den geplanten Synergieeffekten (also Rationalisierungsmaßnahmen). Der organisatorische Vollzug einer Fusion ist auf jeden Fall eine Betriebsänderung. Es muss daher über den Abschluss eines Interessenausgleichs verhandelt werden und ein Sozialplan abgeschlossen werden, sofern ein Betriebsrat existiert und das Unternehmen mehr als 20 wahlberechtigte Arbeitnehmer/-innen hat.

▶ *Ausrede Nr. 6*
Der Abschluss eines Interessenausgleichs und Sozialplans ist Sache des aufnehmenden Betriebs nach Vollzug der Fusion.

▷ *Die Antwort des (Gesamt-)Betriebsrats*
Die Fusion wird von den Vorständen aller beteiligten Gesellschaften geplant und durchgeführt. Interessenausgleich und Sozialplan müssen verhandelt und abgeschlossen werden, bevor die Betriebsänderung durchgeführt wird. Insbesondere mit dem Interessenausgleich wird versucht, auf die Fragen Einfluss zu nehmen,

▷ ob überhaupt eine Fusion durchgeführt wird
▷ wie und in welcher zeitlichen Abfolge sie vollzogen wird
▷ wie viele Arbeitnehmer/-innen davon nachteilhaft betroffen sind
▷ durch welche Maßnahmen (z.B. Weiterbildung) Nachteile für die Arbeitnehmer/-innen vermieden werden können.

Falls Interessenausgleich und Sozialplan bei der Eintragung der Verschmelzung im Handelsregister noch nicht abgeschlossen sind, hat der Gesamtbetriebsrat des untergehenden Unternehmens ein Übergangsmandat.

# K Anhang

# Die wichtigsten rechtlichen Vorschriften im Zusammenhang mit Fusionen

## 1 Aktiengesetz* (AktG)
(Auszüge: §§ 90, 111 Abs. 1 und 4, 124)


§ 90
Berichte an den Aufsichtsrat

(1) Der Vorstand hat dem Aufsichtsrat zu berichten über

1. die beabsichtigte Geschäftspolitik und andere grundsätzliche Fragen der Unternehmensplanung (insbesondere die Finanz-, Investitions- und Personalplanung), wobei auf Abweichungen der tatsächlichen Entwicklung von früher berichteten Zielen unter Angabe von Gründen einzugehen ist;

2. die Rentabilität der Gesellschaft, insbesondere die Rentabilität des Eigenkapitals;

3. den Gang der Geschäfte, insbesondere den Umsatz, und die Lage der Gesellschaft;

4. Geschäfte, die für die Rentabilität oder Liquidität der Gesellschaft von erheblicher Bedeutung sein können.

Ist die Gesellschaft Mutterunternehmen (§ 290 Abs. 1, 2 des Handelsgesetzbuchs), so hat der Bericht auch auf Tochterunternehmen und auf Gemeinschaftsunternehmen (§ 310 Abs. 1 des Handelsgesetzbuchs) einzugehen. Außerdem ist dem Vorsitzenden des Aufsichtsrats aus sonstigen wichtigen Anlässen zu berichten; als wichtiger Anlass ist auch ein dem Vorstand bekannt gewordener geschäftlicher Vorgang bei einem verbundenen Unternehmen anzusehen, der auf die Lage der Gesellschaft von erheblichem Einfluss sein kann.

(2) Die Berichte nach Absatz 1 Satz 1 Nr. 1 bis 4 sind wie folgt zu erstatten:

1. die Berichte nach Nummer 1 mindestens einmal jährlich, wenn nicht Änderungen der Lage oder neue Fragen eine unverzügliche Berichterstattung gebieten;

2. die Berichte nach Nummer 2 in der Sitzung des Aufsichtsrats, in der über den Jahresabschluss verhandelt wird;

3. die Berichte nach Nummer 3 regelmäßig, mindestens vierteljährlich;

4. die Berichte nach Nummer 4 möglichst so rechtzeitig, dass der Aufsichtsrat vor Vornahme der Geschäfte Gelegenheit hat, zu ihnen Stellung zu nehmen.

(3) Der Aufsichtsrat kann vom Vorstand jederzeit einen Bericht verlangen über Angelegenheiten der Gesellschaft, über ihre rechtlichen und geschäftlichen Beziehungen zu verbundenen Unternehmen sowie über geschäftliche Vorgänge bei diesen Unternehmen, die auf die Lage der Gesellschaft von erheblichem Einfluss sein können. Auch ein einzelnes Mitglied kann einen Bericht, jedoch nur an den Aufsichtsrat, verlangen.

(4) Die Berichte haben den Grundsätzen einer gewissenhaften und getreuen Rechenschaft zu entsprechen. Sie sind möglichst rechtzeitig und, mit Ausnahme des Berichts nach Absatz 1 Satz 3, in der Regel in Textform zu erstatten.

(5) Jedes Aufsichtsratsmitglied hat das Recht, von den Berichten Kenntnis zu nehmen. Soweit die Berichte in Textform erstattet worden sind, sind sie auch jedem Aufsichtsratsmitglied auf Verlangen zu übermitteln, soweit der Aufsichtsrat nichts anderes beschlossen hat. Der Vorsitzende des Aufsichtsrats hat die Aufsichtsratsmitglieder über die Berichte nach Absatz 1 Satz 2 spätestens in der nächsten Aufsichtsratssitzung zu unterrichten.

---

* Vom 6. September 1965 (BGBl. I, S. 1089), zuletzt geändert durch Gesetz vom 16. Juli 2007 (BGBl. I, S. 1330).

## § 111
## Aufgaben und Rechte des Aufsichtsrats

(1) Der Aufsichtsrat hat die Geschäftsführung zu überwachen.

(4) Maßnahmen der Geschäftsführung können dem Aufsichtsrat nicht übertragen werden. Die Satzung oder der Aufsichtsrat hat jedoch zu bestimmen, dass bestimmte Arten von Geschäften nur mit seiner Zustimmung vorgenommen werden dürfen. Verweigert der Aufsichtsrat seine Zustimmung, so kann der Vorstand verlangen, dass die Hauptversammlung über die Zustimmung beschließt. Der Beschluss, durch den die Hauptversammlung zustimmt, bedarf einer Mehrheit, die mindestens drei Viertel der abgegebenen Stimmen umfasst. Die Satzung kann weder eine andere Mehrheit noch weitere Erfordernisse bestimmen.

Hinweis: Da nach dem Gesetz eine Zustimmung des Aufsichtsrats zu Verschmelzungen nicht zwingend vorgeschrieben ist, kann über die Regelung in § 111 Abs. 4 Satz 2 AktG der Aufsichtsrat selber festlegen, dass Verschmelzungen seiner vorherigen Zustimmung bedürfen. Die Arbeitnehmervertreter könnten einen entsprechenden Antrag stellen.

## § 124
## Notwendige Beschlussfassung des Aufsichtsrats

(1) Die Tagesordnung der Hauptversammlung ist bei der Einberufung in den Gesellschaftsblättern bekannt zu machen. Hat die Minderheit nach der Einberufung der Hauptversammlung die Bekanntmachung von Gegenständen zur Beschlussfassung der Hauptversammlung verlangt, so genügt es, wenn diese Gegenstände binnen zehn Tagen nach der Einberufung der Hauptversammlung bekannt gemacht werden. § 121 Abs. 4 gilt sinngemäß.

(2) Steht die Wahl von Aufsichtsratsmitgliedern auf der Tagesordnung, so ist in der Bekanntmachung anzugeben, nach welchen gesetzlichen Vorschriften sich der Aufsichtsrat zusammensetzt, und ob die Hauptversammlung an Wahlvorschläge gebunden ist. Soll die Hauptversammlung über eine Satzungsänderung oder über einen Vertrag beschließen, der nur mit Zustimmung der Hauptversammlung wirksam wird, so ist auch der Wortlaut der vorgeschlagenen Satzungsänderung oder der wesentliche Inhalt des Vertrages bekannt zu machen.

(3) Zu jedem Gegenstand der Tagesordnung, über den die Hauptversammlung beschließen soll, haben der Vorstand und der Aufsichtsrat, zur Wahl von Aufsichtsratsmitgliedern und Prüfern nur der Aufsichtsrat, in der Bekanntmachung der Tagesordnung Vorschläge zur Beschlussfassung zu machen. Dies gilt nicht, wenn die Hauptversammlung bei der Wahl von Aufsichtsratsmitgliedern nach § 6 des Montan-Mitbestimmungsgesetzes an Wahlvorschläge gebunden ist, oder wenn der Gegenstand der Beschlussfassung auf Verlangen einer Minderheit auf die Tagesordnung gesetzt worden ist. Der Vorschlag zur Wahl von Aufsichtsratsmitgliedern oder Prüfern hat deren Namen, ausgeübten Beruf und Wohnort anzugeben. Hat der Aufsichtsrat auch aus Aufsichtsratsmitgliedern der Arbeitnehmer zu bestehen, so bedürfen Beschlüsse des Aufsichtsrats über Vorschläge zur Wahl von Aufsichtsratsmitgliedern nur der Mehrheit der Stimmen der Aufsichtsratsmitglieder der Aktionäre; § 8 des Montan-Mitbestimmungsgesetzes bleibt unberührt.

(4) Über Gegenstände der Tagesordnung, die nicht ordnungsgemäß bekannt gemacht sind, dürfen keine Beschlüsse gefasst werden. Zur Beschlussfassung über den in der Versammlung gestellten Antrag auf Einberufung einer Hauptversammlung, zu Anträgen, die zu Gegenständen der Tagesordnung gestellt werden, und zu Verhandlungen ohne Beschlussfassung bedarf es keiner Bekanntmachung.

Hinweis: Zwingend vorgeschrieben ist hiernach, dass der Aufsichtsrat vor der Hauptversammlung über die geplante Verschmelzung berät und den Aktionären mit der Einladung zur Hauptversammlung seine Beschlussempfehlung mitteilt. Seit dem 10.8.1994 (Gesetz zur Deregulierung des Aktienrechts) darf die Hauptversammlung, wenn alle Aktionäre anwesend oder vertreten sind, auch dann Beschlüsse fassen, wenn sie gegen diese oder andere Formvorschriften verstößt.

# 2 Betriebsverfassungsgesetz 1972\* (BetrVG 1972)

(Auszüge: §§ 3, 21a, 21b, 80–82, 90, 92, 92a, 93, 95–99, 102, 106, 109, 109a, 111, 112)

### § 3
### Abweichende Regelungen

(1) Durch Tarifvertrag können bestimmt werden:

1. für Unternehmen mit mehreren Betrieben
   a) die Bildung eines unternehmenseinheitlichen Betriebsrats oder
   b) die Zusammenfassung von Betrieben, wenn dies die Bildung von Betriebsräten erleichtert oder einer sachgerechten Wahrnehmung der Interessen der Arbeitnehmer dient;

2. für Unternehmen und Konzerne, soweit sie nach produkt- oder projektbezogenen Geschäftsbereichen (Sparten) organisiert sind und die Leitung der Sparte auch Entscheidungen in beteiligungspflichtigen Angelegenheiten trifft, die Bildung von Betriebsräten in den Sparten (Spartenbetriebsräte), wenn dies der sachgerechten Wahrnehmung der Aufgaben des Betriebsrats dient;

3. andere Arbeitnehmervertretungsstrukturen, soweit dies insbesondere auf Grund der Betriebs-, Unternehmens- oder Konzernorganisation oder auf Grund anderer Formen der Zusammenarbeit von Unternehmen einer wirksamen und zweckmäßigen Interessenvertretung der Arbeitnehmer dient;

4. zusätzliche betriebsverfassungsrechtliche Gremien (Arbeitsgemeinschaften), die der unternehmensübergreifenden Zusammenarbeit von Arbeitnehmervertretungen dienen;

5. zusätzliche betriebsverfassungsrechtliche Vertretungen der Arbeitnehmer, die die Zusammenarbeit zwischen Betriebsrat und Arbeitnehmern erleichtern.

(2) Besteht in den Fällen des Absatzes 1 Nr. 1, 2, 4 oder 5 keine tarifliche Regelung und gilt auch kein anderer Tarifvertrag, kann die Regelung durch Betriebsvereinbarung getroffen werden.

(3) Besteht im Falle des Absatzes 1 Nr. 1 Buchstabe a keine tarifliche Regelung und besteht in dem Unternehmen kein Betriebsrat, können die Arbeitnehmer mit Stimmenmehrheit die Wahl eines unternehmenseinheitlichen Betriebsrats beschließen. Die Abstimmung kann von mindestens drei wahlberechtigten Arbeitnehmern des Unternehmens oder einer im Unternehmen vertretenen Gewerkschaft veranlasst werden.

(4) Sofern der Tarifvertrag oder die Betriebsvereinbarung nichts anderes bestimmt, sind Regelungen nach Abs. 1 Nr. 1 bis 3 erstmals bei der nächsten regelmäßigen Betriebsratswahl anzuwenden, es sei denn, es besteht kein Betriebsrat oder es ist aus anderen Gründen eine Neuwahl des Betriebsrats erforderlich. Sieht der Tarifvertrag oder die Betriebsvereinbarung einen anderen Wahlzeitpunkt vor, endet die Amtszeit bestehender Betriebsräte, die durch die Regelungen nach Abs. 1 Nr. 1 bis 3 entfallen, mit Bekanntgabe des Wahlergebnisses.

(5) Die auf Grund eines Tarifvertrages oder einer Betriebsvereinbarung nach Abs. 1 Nr. 1 bis 3 gebildeten betriebsverfassungsrechtlichen Organisationseinheiten gelten als Betriebe im Sinne dieses Gesetzes. Auf die in ihnen gebildeten Arbeitnehmervertretungen finden die Vorschriften über die Rechte und Pflichten des Betriebsrats und die Rechtsstellung seiner Mitglieder Anwendung.

### § 21a\*\*
### Übergangsmandat

(1) Wird ein Betrieb gespalten, so bleibt dessen Betriebsrat im Amt und führt die Geschäfte für die ihm bislang zugeordneten Betriebsteile weiter, soweit sie die Voraussetzungen des § 1 Abs. 1 Satz 1 erfüllen und nicht in einen Betrieb

---

\*    Vom 15. Januar 1972; neugefasst durch Bekanntmachung vom 25. September 2001 (BGBl. I, S. 2518), zuletzt geändert durch Gesetz vom 12. August 2008 (BGBl. I, S. 1666).

\*\*   Diese Vorschrift dient der Umsetzung des Artikels 6 der Richtlinie 2001/23/EG des Rates vom 12. März 2001 zur Angleichung der Rechtsvorschriften der Mitgliedstaaten über die Wahrung von Ansprüchen der Arbeitnehmer beim Übergang von Unternehmen, Betrieben oder Betriebsteilen (ABl. EG Nr. L 82 S.16).

eingegliedert werden, in dem ein Betriebsrat besteht (Übergangsmandat). Der Betriebsrat hat insbesondere unverzüglich Wahlvorstände zu bestellen. Das Übergangsmandat endet, sobald in den Betriebsteilen ein neuer Betriebsrat gewählt und das Wahlergebnis bekannt gegeben ist, spätestens jedoch sechs Monate nach Wirksamwerden der Spaltung. Durch Tarifvertrag oder Betriebsvereinbarung kann das Übergangsmandat um weitere sechs Monate verlängert werden.

(2) Werden Betriebe oder Betriebsteile zu einem Betrieb zusammengefasst, so nimmt der Betriebsrat des nach der Zahl der wahlberechtigten Arbeitnehmer größten Betriebs oder Betriebsteils das Übergangsmandat wahr. Absatz 1 gilt entsprechend.

(3) Die Absätze 1 und 2 gelten auch, wenn die Spaltung oder Zusammenlegung von Betrieben und Betriebsteilen im Zusammenhang mit einer Betriebsveräußerung oder einer Umwandlung nach dem Umwandlungsgesetz erfolgt.

## § 21b
### Restmandat

Geht ein Betrieb durch Stilllegung, Spaltung oder Zusammenlegung unter, so bleibt dessen Betriebsrat so lange im Amt, wie dies zur Wahrnehmung der damit im Zusammenhang stehenden Mitwirkungs- und Mitbestimmungsrechte erforderlich ist.

## § 80
### Allgemeine Aufgaben

(1) Der Betriebsrat hat folgende allgemeine Aufgaben:

1. darüber zu wachen, dass die zu Gunsten der Arbeitnehmer geltenden Gesetze, Verordnungen, Unfallverhütungsvorschriften, Tarifverträge und Betriebsvereinbarungen durchgeführt werden;

2. Maßnahmen, die dem Betrieb und der Belegschaft dienen, beim Arbeitgeber zu beantragen;

2a. die Durchsetzung der tatsächlichen Gleichstellung von Frauen und Männern, insbesondere bei der Einstellung, Beschäftigung, Aus-, Fort- und Weiterbildung und dem beruflichen Aufstieg, zu fördern;

2b. die Vereinbarkeit von Familie und Erwerbstätigkeit zu fördern;

3. Anregungen von Arbeitnehmern und der Jugend- und Auszubildendenvertretung entgegenzunehmen und, falls sie berechtigt erscheinen, durch Verhandlungen mit dem Arbeitgeber auf eine Erledigung hinzuwirken; er hat die betreffenden Arbeitnehmer über den Stand und das Ergebnis der Verhandlungen zu unterrichten;

4. die Eingliederung Schwerbehinderter und sonstiger besonders schutzbedürftiger Personen zu fördern;

5. die Wahl einer Jugend- und Auszubildendenvertretung vorzubereiten und durchzuführen und mit dieser zur Förderung der Belange der in § 60 Abs. 1 genannten Arbeitnehmer eng zusammenzuarbeiten; er kann von der Jugend- und Auszubildendenvertretung Vorschläge und Stellungnahmen anfordern;

6. die Beschäftigung älterer Arbeitnehmer im Betrieb zu fördern;

7. die Integration ausländischer Arbeitnehmer im Betrieb und das Verständnis zwischen ihnen und den deutschen Arbeitnehmern zu fördern, sowie Maßnahmen zur Bekämpfung von Rassismus und Fremdenfeindlichkeit im Betrieb zu beantragen;

8. die Beschäftigung im Betrieb zu fördern und zu sichern;

9. Maßnahmen des Arbeitsschutzes und des betrieblichen Umweltschutzes zu fördern.

(2) Zur Durchführung seiner Aufgaben nach diesem Gesetz ist der Betriebsrat rechtzeitig und umfassend vom Arbeitgeber zu unterrichten; die Unterrichtung erstreckt sich auch auf die Beschäftigung von Personen, die nicht in einem Arbeitsverhältnis zum Arbeitgeber stehen. Dem Betriebsrat sind auf Verlangen jederzeit die zur Durchführung seiner Aufgaben erforderlichen Unterlagen zur Verfügung zu stellen; in diesem Rahmen ist der Betriebsausschuss oder

ein nach § 28 gebildeter Ausschuss berechtigt, in die Listen über die Bruttolöhne und -gehälter Einblick zu nehmen. Soweit es zur ordnungsgemäßen Erfüllung der Aufgaben des Betriebsrats erforderlich ist, hat der Arbeitgeber ihm sachkundige Arbeitnehmer als Auskunftspersonen zur Verfügung zu stellen; er hat hierbei die Vorschläge des Betriebsrats zu berücksichtigen, soweit betriebliche Notwendigkeiten nicht entgegenstehen.

(3) Der Betriebsrat kann bei der Durchführung seiner Aufgaben nach näherer Vereinbarung mit dem Arbeitgeber Sachverständige hinzuziehen, soweit dies zur ordnungsgemäßen Erfüllung seiner Aufgaben erforderlich ist.

(4) Für die Geheimhaltungspflicht der Auskunftspersonen und der Sachverständigen gilt § 79 entsprechend.

## § 81
### Unterrichtungs- und Erörterungspflicht des Arbeitgebers

(1) Der Arbeitgeber hat den Arbeitnehmer über dessen Aufgabe und Verantwortung sowie über die Art seiner Tätigkeit und ihre Einordnung in den Arbeitsablauf des Betriebs zu unterrichten. Er hat den Arbeitnehmer vor Beginn der Beschäftigung über die Unfall- und Gesundheitsgefahren, denen dieser bei der Beschäftigung ausgesetzt ist, sowie über die Maßnahmen und Einrichtungen zur Abwendung dieser Gefahren und die nach § 10 Abs. 2 des Arbeitsschutzgesetzes getroffenen Maßnahmen zu belehren.

(2) Über Veränderungen in seinem Arbeitsbereich ist der Arbeitnehmer rechtzeitig zu unterrichten. Absatz 1 gilt entsprechend.

(3) In Betrieben, in denen kein Betriebsrat besteht, hat der Arbeitgeber die Arbeitnehmer zu allen Maßnahmen zu hören, die Auswirkungen auf Sicherheit und Gesundheit der Arbeitnehmer haben können.

(4) Der Arbeitgeber hat den Arbeitnehmer über die aufgrund einer Planung von technischen Anlagen, von Arbeitsverfahren und Arbeitsabläufen oder der Arbeitsplätze vorgesehenen Maßnahmen und ihre Auswirkungen auf seinen Arbeitsplatz, die Arbeitsumgebung sowie auf Inhalt und Art seiner Tätigkeit zu unterrichten. Sobald feststeht, dass sich die Tätigkeit des Arbeitnehmers ändern wird und seine beruflichen Kenntnisse und Fähigkeiten zur Erfüllung seiner Aufgaben nicht ausreichen, hat der Arbeitgeber mit dem Arbeitnehmer zu erörtern, wie dessen berufliche Kenntnisse und Fähigkeiten im Rahmen der betrieblichen Möglichkeiten den künftigen Anforderungen angepasst werden können. Der Arbeitnehmer kann bei der Erörterung ein Mitglied des Betriebsrats hinzuziehen.

## § 82
### Anhörungs- und Erörterungsrecht des Arbeitnehmers

(1) Der Arbeitnehmer hat das Recht, in betrieblichen Angelegenheiten, die seine Person betreffen, von den nach Maßgabe des organisatorischen Aufbaus des Betriebs hierfür zuständigen Personen gehört zu werden. Er ist berechtigt, zu Maßnahmen des Arbeitgebers, die ihn betreffen, Stellung zu nehmen sowie Vorschläge für die Gestaltung des Arbeitsplatzes und des Arbeitsablaufs zu machen.

(2) Der Arbeitnehmer kann verlangen, dass ihm die Berechnung und Zusammensetzung seines Arbeitsentgelts erläutert und dass mit ihm die Beurteilung seiner Leistungen sowie die Möglichkeiten seiner beruflichen Entwicklung im Betrieb erörtert werden. Er kann ein Mitglied des Betriebsrats hinzuziehen. Das Mitglied des Betriebsrats hat über den Inhalt dieser Verhandlungen Stillschweigen zu bewahren, soweit es vom Arbeitnehmer im Einzelfall nicht von dieser Verpflichtung entbunden wird.

## § 90
### Unterrichtungs- und Beratungsrechte

(1) Der Arbeitgeber hat den Betriebsrat über die Planung

1. von Neu-, Um- und Erweiterungsbauten von Fabrikations-, Verwaltungs- und sonstigen betrieblichen Räumen,

2. von technischen Anlagen,

3. von Arbeitsverfahren und Arbeitsabläufen oder

4. der Arbeitsplätze

rechtzeitig unter Vorlage der erforderlichen Unterlagen zu unterrichten.

(2) Der Arbeitgeber hat mit dem Betriebsrat die vorgesehenen Maßnahmen und ihre Auswirkungen auf die Arbeitnehmer, insbesondere auf die Art ihrer Arbeit sowie die sich daraus ergebenden Anforderungen an die Arbeitnehmer so rechtzeitig zu beraten, dass Vorschläge und Bedenken des Betriebsrats bei der Planung berücksichtigt werden können. Arbeitgeber und Betriebsrat sollen dabei auch die gesicherten arbeitswissenschaftlichen Erkenntnisse über die menschengerechte Gestaltung der Arbeit berücksichtigen.

## § 92
### Personalplanung

(1) Der Arbeitgeber hat den Betriebsrat über die Personalplanung, insbesondere über den gegenwärtigen und künftigen Personalbedarf sowie über die sich daraus ergebenden personellen Maßnahmen und Maßnahmen der Berufsbildung anhand von Unterlagen rechtzeitig und umfassend zu unterrichten. Er hat mit dem Betriebsrat über Art und Umfang der erforderlichen Maßnahmen und über die Vermeidung von Härten zu beraten.

(2) Der Betriebsrat kann dem Arbeitgeber Vorschläge für die Einführung einer Personalplanung und ihre Durchführung machen.

(3) Die Absätze 1 und 2 gelten entsprechend für Maßnahmen im Sinne des § 80 Abs. 1 Nr. 2a und 2b, insbesondere für die Aufstellung und Durchführung von Maßnahmen zur Förderung der Gleichstellung von Frauen und Männern.

## § 92a
### Beschäftigungssicherung

(1) Der Betriebsrat kann dem Arbeitgeber Vorschläge zur Sicherung und Förderung der Beschäftigung machen. Diese können insbesondere eine flexible Gestaltung der Arbeitszeit, die Förderung von Teilzeitarbeit und Altersteilzeit, neue Formen der Arbeitsorganisation, Änderungen der Arbeitsverfahren und Arbeitsabläufe, die Qualifizierung der Arbeitnehmer, Alternativen zur Ausgliederung von Arbeit oder ihrer Vergabe an andere Unternehmen sowie zum Produktions- und Investitionsprogramm zum Gegenstand haben.

(2) Der Arbeitgeber hat die Vorschläge mit dem Betriebsrat zu beraten. Hält der Arbeitgeber die Vorschläge des Betriebsrats für ungeeignet, hat er dies zu begründen; in Betrieben mit mehr als 100 Arbeitnehmern erfolgt die Begründung schriftlich. Zu den Beratungen kann der Arbeitgeber oder der Betriebsrat einen Vertreter der Bundesagentur für Arbeit hinzuziehen.

## § 93
### Ausschreibung von Arbeitsplätzen

Der Betriebsrat kann verlangen, dass Arbeitsplätze, die besetzt werden sollen, allgemein oder für bestimmte Arten von Tätigkeiten vor ihrer Besetzung innerhalb des Betriebs ausgeschrieben werden.

## § 95
### Auswahlrichtlinien

(1) Richtlinien über die personelle Auswahl bei Einstellungen, Versetzungen, Umgruppierungen und Kündigungen bedürfen der Zustimmung des Betriebsrats. Kommt eine Einigung über die Richtlinien oder ihren Inhalt nicht zustande, so entscheidet auf Antrag des Arbeitgebers die Einigungsstelle. Der Spruch der Einigungsstelle ersetzt die Einigung zwischen Arbeitgeber und Betriebsrat.

(2) In Betrieben mit mehr als 500 Arbeitnehmern kann der Betriebsrat die Aufstellung von Richtlinien über die bei Maßnahmen des Absatzes 1 Satz 1 zu beachtenden fachlichen und persönlichen Voraussetzungen und sozialen Gesichtspunkte verlangen. Kommt eine Einigung über die Richtlinien oder ihren Inhalt nicht zustande, so entscheidet die Einigungsstelle. Der Spruch der Einigungsstelle ersetzt die Einigung zwischen Arbeitgeber und Betriebsrat.

(3) Versetzung im Sinne dieses Gesetzes ist die Zuweisung eines anderen Arbeitsbereichs, die voraussichtlich die Dauer von einem Monat überschreitet, oder die mit einer erheblichen Änderung der Umstände verbunden ist, unter denen die Arbeit zu leisten ist. Werden Arbeitnehmer nach der Eigenart ihres Arbeitsverhältnisses üblicherweise nicht ständig an einem bestimmten Arbeitsplatz beschäftigt, so gilt die Bestimmung des jeweiligen Arbeitsplatzes nicht als Versetzung.

## § 96
### Förderung der Berufsbildung

(1) Arbeitgeber und Betriebsrat haben im Rahmen der betrieblichen Personalplanung und in Zusammenarbeit mit den für die Berufsbildung und den für die Förderung der Berufsbildung zuständigen Stellen die Berufsbildung der Arbeitnehmer zu fördern. Der Arbeitgeber hat auf Verlangen des Betriebsrats den Berufsbildungsbedarf zu ermitteln und mit ihm Fragen der Berufsbildung der Arbeitnehmer des Betriebs zu beraten. Hierzu kann der Betriebsrat Vorschläge machen.

(2) Arbeitgeber und Betriebsrat haben darauf zu achten, dass unter Berücksichtigung der betrieblichen Notwendigkeiten den Arbeitnehmern die Teilnahme an betrieblichen oder außerbetrieblichen Maßnahmen der Berufsbildung ermöglicht wird. Sie haben dabei auch die Belange älterer Arbeitnehmer, Teilzeitbeschäftigter und von Arbeitnehmern mit Familienpflichten zu berücksichtigen.

## § 97
### Einrichtungen und Maßnahmen der Berufsbildung

(1) Der Arbeitgeber hat mit dem Betriebsrat über die Errichtung und Ausstattung betrieblicher Einrichtungen zur Berufsbildung, die Einführung betrieblicher Berufsbildungsmaßnahmen und die Teilnahme an außerbetrieblichen Berufsbildungsmaßnahmen zu beraten.

(2) Hat der Arbeitgeber Maßnahmen geplant oder durchgeführt, die dazu führen, dass sich die Tätigkeit der betroffenen Arbeitnehmer ändert und ihre beruflichen Kenntnisse und Fähigkeiten zur Erfüllung ihrer Aufgaben nicht mehr ausreichen, so hat der Betriebsrat bei der Einführung von Maßnahmen der betrieblichen Berufsbildung mitzubestimmen. Kommt eine Einigung nicht zustande, so entscheidet die Einigungsstelle. Der Spruch der Einigungsstelle ersetzt die Einigung zwischen Arbeitgeber und Betriebsrat.

## § 98
### Durchführung betrieblicher Bildungsmaßnahmen

(1) Der Betriebsrat hat bei der Durchführung von Maßnahmen der betrieblichen Berufsbildung mitzubestimmen.

(2) Der Betriebsrat kann der Bestellung einer mit der Durchführung der betrieblichen Berufsbildung beauftragten Person widersprechen oder ihre Abberufung verlangen, wenn diese die persönliche oder fachliche, insbesondere die

berufs- und arbeitspädagogische Eignung im Sinne des Berufsbildungsgesetzes nicht besitzt oder ihre Aufgaben vernachlässigt.

(3) Führt der Arbeitgeber betriebliche Maßnahmen der Berufsbildung durch oder stellt er für außerbetriebliche Maßnahmen der Berufsbildung Arbeitnehmer frei oder trägt er die durch die Teilnahme von Arbeitnehmern an solchen Maßnahmen entstehenden Kosten ganz oder teilweise, so kann der Betriebsrat Vorschläge für die Teilnahme von Arbeitnehmern oder Gruppen von Arbeitnehmern des Betriebs an diesen Maßnahmen der beruflichen Bildung machen.

(4) Kommt im Fall des Absatzes 1 oder über die nach Absatz 3 vom Betriebsrat vorgeschlagenen Teilnehmer eine Einigung nicht zustande, so entscheidet die Einigungsstelle. Der Spruch der Einigungsstelle ersetzt die Einigung zwischen Arbeitgeber und Betriebsrat.

(5) Kommt im Fall des Absatzes 2 eine Einigung nicht zustande, so kann der Betriebsrat beim Arbeitsgericht beantragen, dem Arbeitgeber aufzugeben, die Bestellung zu unterlassen oder die Abberufung durchzuführen. Führt der Arbeitgeber die Bestellung einer rechtskräftigen gerichtlichen Entscheidung zuwider durch, so ist er auf Antrag des Betriebsrats vom Arbeitsgericht wegen der Bestellung nach vorheriger Androhung zu einem Ordnungsgeld zu verurteilen; das Höchstmaß des Ordnungsgeldes beträgt 10 000 Euro. Führt der Arbeitgeber die Abberufung einer rechtskräftigen gerichtlichen Entscheidung zuwider nicht durch, so ist auf Antrag des Betriebsrats vom Arbeitsgericht zu erkennen, dass der Arbeitgeber zur Abberufung durch Zwangsgeld anzuhalten sei; das Höchstmaß des Zwangsgeldes beträgt für jeden Tag der Zuwiderhandlung 250 Euro. Die Vorschriften des Berufsbildungsgesetzes über die Ordnung der Berufsbildung bleiben unberührt.

(6) Die Absätze 1 bis 5 gelten entsprechend, wenn der Arbeitgeber sonstige Bildungsmaßnahmen im Betrieb durchführt.

## § 99
### Mitbestimmung bei personellen Einzelmaßnahmen

(1) In Unternehmen mit in der Regel mehr als zwanzig wahlberechtigten Arbeitnehmern hat der Arbeitgeber den Betriebsrat vor jeder Einstellung, Eingruppierung, Umgruppierung und Versetzung zu unterrichten, ihm die erforderlichen Bewerbungsunterlagen vorzulegen und Auskunft über die Person der Beteiligten zu geben; er hat dem Betriebsrat unter Vorlage der erforderlichen Unterlagen Auskunft über die Auswirkungen der geplanten Maßnahme zu geben und die Zustimmung des Betriebsrats zu der geplanten Maßnahme einzuholen. Bei Einstellungen und Versetzungen hat der Arbeitgeber insbesondere den in Aussicht genommenen Arbeitsplatz und die vorgesehene Eingruppierung mitzuteilen. Die Mitglieder des Betriebsrats sind verpflichtet, über die ihnen im Rahmen der personellen Maßnahmen nach den Sätzen 1 und 2 bekannt gewordenen persönlichen Verhältnisse und Angelegenheiten der Arbeitnehmer, die ihrer Bedeutung oder ihrem Inhalt nach einer vertraulichen Behandlung bedürfen, Stillschweigen zu bewahren; § 79 Abs. 1 Satz 2 bis 4 gilt entsprechend.

(2) Der Betriebsrat kann die Zustimmung verweigern, wenn

1. die personelle Maßnahme gegen ein Gesetz, eine Verordnung, eine Unfallverhütungsvorschrift oder gegen eine Bestimmung in einem Tarifvertrag oder in einer Betriebsvereinbarung oder gegen eine gerichtliche Entscheidung oder eine behördliche Anordnung verstoßen würde,

2. die personelle Maßnahme gegen eine Richtlinie nach § 95 verstoßen würde,

3. die durch Tatsachen begründete Besorgnis besteht, dass infolge der personellen Maßnahme im Betrieb beschäftigte Arbeitnehmer gekündigt werden oder sonstige Nachteile erleiden, ohne dass dies aus betrieblichen oder persönlichen Gründen gerechtfertigt ist; als Nachteil gilt bei unbefristeter Einstellung auch die Nichtberücksichtigung eines gleichgeeigneten befristet Beschäftigten,

4. der betroffene Arbeitnehmer durch die personelle Maßnahme benachteiligt wird, ohne dass dies aus betrieblichen oder in der Person des Arbeitnehmers liegenden Gründen gerechtfertigt ist,

5. eine nach § 93 erforderliche Ausschreibung im Betrieb unterblieben ist oder

6. die durch Tatsachen begründete Besorgnis besteht, dass der für die personelle Maßnahme in Aussicht genommene Bewerber oder Arbeitnehmer den Betriebsfrieden durch gesetzwidriges Verhalten oder durch grobe Verletzung der in § 75 Abs. 1 enthaltenen Grundsätze, insbesondere durch rassistische oder fremdenfeindliche Betätigung, stören werde.

(3) Verweigert der Betriebsrat seine Zustimmung, so hat er dies unter Angabe von Gründen innerhalb einer Woche nach Unterrichtung durch den Arbeitgeber diesem schriftlich mitzuteilen. Teilt der Betriebsrat dem Arbeitgeber die Verweigerung seiner Zustimmung nicht innerhalb der Frist schriftlich mit, so gilt die Zustimmung als erteilt.

(4) Verweigert der Betriebsrat seine Zustimmung, so kann der Arbeitgeber beim Arbeitsgericht beantragen, die Zustimmung zu ersetzen.

## § 102
## Mitbestimmung bei Kündigungen

(1) Der Betriebsrat ist vor jeder Kündigung zu hören. Der Arbeitgeber hat ihm die Gründe für die Kündigung mitzuteilen. Eine ohne Anhörung des Betriebsrats ausgesprochene Kündigung ist unwirksam.

(2) Hat der Betriebsrat gegen eine ordentliche Kündigung Bedenken, so hat er diese unter Angabe der Gründe dem Arbeitgeber spätestens innerhalb einer Woche schriftlich mitzuteilen. Äußert er sich innerhalb dieser Frist nicht, gilt seine Zustimmung zur Kündigung als erteilt. Hat der Betriebsrat gegen eine außerordentliche Kündigung Bedenken, so hat er diese unter Angabe der Gründe dem Arbeitgeber unverzüglich, spätestens jedoch innerhalb von drei Tagen, schriftlich mitzuteilen. Der Betriebsrat soll, soweit dies erforderlich erscheint, vor seiner Stellungnahme den betroffenen Arbeitnehmer hören. § 99 Abs. 1 Satz 3 gilt entsprechend.

(3) Der Betriebsrat kann innerhalb der Frist des Absatzes 2 Satz 1 der ordentlichen Kündigung widersprechen, wenn

1. der Arbeitgeber bei der Auswahl des zu kündigenden Arbeitnehmers soziale Gesichtspunkte nicht oder nicht ausreichend berücksichtigt hat,

2. die Kündigung gegen eine Richtlinie nach § 95 verstößt,

3. der zu kündigende Arbeitnehmer an einem anderen Arbeitsplatz im selben Betrieb oder in einem anderen Betrieb des Unternehmens weiterbeschäftigt werden kann,

4. die Weiterbeschäftigung des Arbeitnehmers nach zumutbaren Umschulungs- oder Fortbildungsmaßnahmen möglich ist oder

5. eine Weiterbeschäftigung des Arbeitnehmers unter geänderten Vertragsbedingungen möglich ist und der Arbeitnehmer sein Einverständnis hiermit erklärt hat.

(4) Kündigt der Arbeitgeber, obwohl der Betriebsrat nach Abs. 3 der Kündigung widersprochen hat, so hat er dem Arbeitnehmer mit der Kündigung eine Abschrift der Stellungnahme des Betriebsrats zuzuleiten.

(5) Hat der Betriebsrat einer ordentlichen Kündigung frist- und ordnungsgemäß widersprochen, und hat der Arbeitnehmer nach dem Kündigungsschutzgesetz Klage auf Feststellung erhoben, dass das Arbeitsverhältnis durch die Kündigung nicht aufgelöst ist, so muss der Arbeitgeber auf Verlangen des Arbeitnehmers diesen nach Ablauf der Kündigungsfrist bis zum rechtskräftigen Abschluss des Rechtsstreits bei unveränderten Arbeitsbedingungen weiterbeschäftigen. Auf Antrag des Arbeitgebers kann das Gericht ihn durch einstweilige Verfügung von der Verpflichtung zur Weiterbeschäftigung nach Satz 1 entbinden, wenn

1. die Klage des Arbeitnehmers keine hinreichende Aussicht auf Erfolg bietet oder mutwillig erscheint oder

2. die Weiterbeschäftigung des Arbeitnehmers zu einer unzumutbaren wirtschaftlichen Belastung des Arbeitgebers führen würde oder

3. der Widerspruch des Betriebsrats offensichtlich unbegründet war.

(6) Arbeitgeber und Betriebsrat können vereinbaren, dass Kündigungen der Zustimmung des Betriebsrats bedürfen und dass bei Meinungsverschiedenheiten über die Berechtigung der Nichterteilung der Zustimmung die Einigungsstelle entscheidet.

(7) Die Vorschriften über die Beteiligung des Betriebsrats nach dem Kündigungsschutzgesetz bleiben unberührt.

## § 106
### Wirtschaftsausschuss

(1) In allen Unternehmen mit in der Regel mehr als einhundert ständig beschäftigten Arbeitnehmern ist ein Wirtschaftsausschuss zu bilden. Der Wirtschaftsausschuss hat die Aufgabe, wirtschaftliche Angelegenheiten mit dem Unternehmer zu beraten und den Betriebsrat zu unterrichten.

(2) Der Unternehmer hat den Wirtschaftsausschuss rechtzeitig und umfassend über die wirtschaftlichen Angelegenheiten des Unternehmens unter Vorlage der erforderlichen Unterlagen zu unterrichten, soweit dadurch nicht die Betriebs- und Geschäftsgeheimnisse des Unternehmens gefährdet werden, sowie die sich daraus ergebenden Auswirkungen auf die Personalplanung darzustellen. Zu den erforderlichen Unterlagen gehört in den Fällen des Absatzes 3 Nr. 9a insbesondere die Angabe über den potentiellen Erwerber und dessen Absichten im Hinblick auf die künftige Geschäftstätigkeit des Unternehmens sowie die sich daraus ergebenden Auswirkungen auf die Arbeitnehmer; Gleiches gilt, wenn im Vorfeld der Übernahme des Unternehmens ein Bieterverfahren durchgeführt wird.

(3) Zu den wirtschaftlichen Angelegenheiten im Sinne dieser Vorschrift gehören insbesondere

1. die wirtschaftliche und finanzielle Lage des Unternehmens;

2. die Produktions- und Absatzlage;

3. das Produktions- und Investitionsprogramm;

4. Rationalisierungsvorhaben;

5. Fabrikations- und Arbeitsmethoden, insbesondere die Einführung neuer Arbeitsmethoden;

5a. Fragen des betrieblichen Umweltschutzes;

6. die Einschränkung oder Stilllegung von Betrieben oder von Betriebsteilen;

7. die Verlegung von Betrieben oder Betriebsteilen;

8. der Zusammenschluss oder die Spaltung von Unternehmen oder Betrieben;

9. die Änderung der Betriebsorganisation oder des Betriebszwecks;

9a. die Übernahme des Unternehmens, wenn hiermit der Erwerb der Kontrolle verbunden ist, sowie

10. sonstige Vorgänge und Vorhaben, welche die Interessen der Arbeitnehmer des Unternehmens wesentlich berühren können.

## § 109
### Beilegung von Meinungsverschiedenheiten

Wird eine Auskunft über wirtschaftliche Angelegenheiten des Unternehmens im Sinne des § 106 entgegen dem Verlangen des Wirtschaftsausschusses nicht, nicht rechtzeitig oder nur ungenügend erteilt und kommt hierüber zwischen Unternehmer und Betriebsrat eine Einigung nicht zustande, so entscheidet die Einigungsstelle. Der Spruch der Einigungsstelle ersetzt die Einigung zwischen Arbeitgeber und Betriebsrat. Die Einigungsstelle kann, wenn dies für ihre Entscheidung erforderlich ist, Sachverständige anhören; § 80 Abs. 4 gilt entsprechend. Hat der Betriebsrat oder der

Gesamtbetriebsrat eine anderweitige Wahrnehmung der Aufgaben des Wirtschaftsausschusses beschlossen, so gilt Satz 1 entsprechend.

## § 109a
### Unternehmensübernahme

In Unternehmen, in denen kein Wirtschaftsausschuss besteht, ist im Fall des § 106 Abs. 3 Nr. 9a der Betriebsrat entsprechend § 106 Abs. 1 und 2 zu beteiligen; § 109 gilt entsprechend.

## § 111
### Betriebsänderungen

In Unternehmen mit in der Regel mehr als zwanzig wahlberechtigten Arbeitnehmern hat der Unternehmer den Betriebsrat über geplante Betriebsänderungen, die wesentliche Nachteile für die Belegschaft oder erhebliche Teile der Belegschaft zur Folge haben können, rechtzeitig und umfassend zu unterrichten und die geplanten Betriebsänderungen mit dem Betriebsrat zu beraten. Der Betriebsrat kann in Unternehmen mit mehr als 300 Arbeitnehmern zu seiner Unterstützung einen Berater hinzuziehen; § 80 Abs. 4 gilt entsprechend; im Übrigen bleibt § 80 Abs. 3 unberührt. Als Betriebsänderung im Sinne des Satzes 1 gelten

1. Einschränkung und Stilllegung des ganzen Betriebs oder von wesentlichen Betriebsteilen,

2. Verlegung des ganzen Betriebs oder von wesentlichen Betriebsteilen,

3. Zusammenschluss mit anderen Betrieben oder die Spaltung von Betrieben,

4. grundlegende Änderungen der Betriebsorganisation, des Betriebszwecks oder der Betriebsanlagen,

5. Einführung grundlegend neuer Arbeitsmethoden und Fertigungsverfahren.

## § 112
### Interessenausgleich über die Betriebsänderung, Sozialplan

(1) Kommt zwischen Unternehmer und Betriebsrat ein Interessenausgleich über die geplante Betriebsänderung zustande, so ist dieser schriftlich niederzulegen und vom Unternehmer und Betriebsrat zu unterschreiben. Das gleiche gilt für eine Einigung über den Ausgleich oder die Milderung der wirtschaftlichen Nachteile, die den Arbeitnehmern infolge der geplanten Betriebsänderung entstehen (Sozialplan). Der Sozialplan hat die Wirkung einer Betriebsvereinbarung. § 77 Abs. 3 ist auf den Sozialplan nicht anzuwenden.

(2) Kommt ein Interessenausgleich über die geplante Betriebsänderung oder eine Einigung über den Sozialplan nicht zustande, so können der Unternehmer oder der Betriebsrat den Vorstand der Bundesagentur für Arbeit um Vermittlung ersuchen, der Vorstand kann die Aufgabe auf andere Bedienstete der Bundesagentur für Arbeit übertragen. Erfolgt kein Vermittlungsersuchen oder bleibt der Vermittlungsversuch ergebnislos, so können der Unternehmer oder der Betriebsrat die Einigungsstelle anrufen. Auf Ersuchen des Vorsitzenden der Einigungsstelle nimmt ein Mitglied des Vorstandes der Bundesagentur für Arbeit oder ein vom Vorstand der Bundesagentur für Arbeit benannter Bediensteter der Bundesagentur für Arbeit an der Verhandlung teil.

(3) Unternehmer und Betriebsrat sollen der Einigungsstelle Vorschläge zur Beilegung der Meinungsverschiedenheiten über den Interessenausgleich und den Sozialplan machen. Die Einigungsstelle hat eine Einigung der Parteien zu versuchen. Kommt eine Einigung zustande, so ist sie schriftlich niederzulegen und von den Parteien und vom Vorsitzenden zu unterschreiben.

(4) Kommt eine Einigung über den Sozialplan nicht zustande, so entscheidet die Einigungsstelle über die Aufstellung eines Sozialplans. Der Spruch der Einigungsstelle ersetzt die Einigung zwischen Arbeitgeber und Betriebsrat.

(5) Die Einigungsstelle hat bei ihrer Entscheidung nach Absatz 4 sowohl die sozialen Belange der betroffenen Arbeitnehmer zu berücksichtigen als auch auf die wirtschaftliche Vertretbarkeit ihrer Entscheidung für das Unternehmen zu achten. Dabei hat die Einigungsstelle sich im Rahmen billigen Ermessens insbesondere von folgenden Grundsätzen leiten zu lassen:

1. Sie soll beim Ausgleich oder bei der Milderung wirtschaftlicher Nachteile, insbesondere durch Einkommensminderung, Wegfall von Sonderleistungen oder Verlust von Anwartschaften auf betriebliche Altersversorgung, Umzugskosten oder erhöhte Fahrtkosten, Leistungen vorsehen, die in der Regel den Gegebenheiten des Einzelfalles Rechnung tragen.

2. Sie hat die Aussichten der betroffenen Arbeitnehmer auf dem Arbeitsmarkt zu berücksichtigen. Sie soll Arbeitnehmer von Leistungen ausschließen, die in einem zumutbaren Arbeitsverhältnis im selben Betrieb oder in einem anderen Betrieb des Unternehmens oder eines zum Konzern gehörenden Unternehmens weiterbeschäftigt werden können und die Weiterbeschäftigung ablehnen; die mögliche Weiterbeschäftigung an einem anderen Ort begründet für sich allein nicht die Unzumutbarkeit.

2a. Sie soll insbesondere die im Dritten Buch des Sozialgesetzbuches vorgesehenen Förderungsmöglichkeiten zur Vermeidung von Arbeitslosigkeit berücksichtigen.

3. Sie hat bei der Bemessung des Gesamtbetrages der Sozialplanleistungen darauf zu achten, dass der Fortbestand des Unternehmens oder die nach Durchführung der Betriebsänderung verbleibenden Arbeitsplätze nicht gefährdet werden.

# 3 Bürgerliches Gesetzbuch* (BGB)

(Auszug: § 613a)

## § 613a
### Rechte und Pflichten bei Betriebsübergang

(1) Geht ein Betrieb oder Betriebsteil durch Rechtsgeschäft auf einen anderen Inhaber über, so tritt dieser in die Rechte und Pflichten aus den im Zeitpunkt des Übergangs bestehenden Arbeitsverhältnissen ein. Sind diese Rechte und Pflichten durch Rechtsnormen eines Tarifvertrags oder durch eine Betriebsvereinbarung geregelt, so werden sie Inhalt des Arbeitsverhältnisses zwischen dem neuen Inhaber und dem Arbeitnehmer und dürfen nicht vor Ablauf eines Jahres nach dem Zeitpunkt des Übergangs zum Nachteil des Arbeitnehmers geändert werden. Satz 2 gilt nicht, wenn die Rechte und Pflichten bei dem neuen Inhaber durch Rechtsnormen eines anderen Tarifvertrags oder durch eine andere Betriebsvereinbarung geregelt werden. Vor Ablauf der Frist nach Satz 2 können die Rechte und Pflichten geändert werden, wenn der Tarifvertrag oder die Betriebsvereinbarung nicht mehr gilt oder bei fehlender beiderseitiger Tarifgebundenheit im Geltungsbereich eines anderen Tarifvertrags dessen Anwendung zwischen dem neuen Inhaber und dem Arbeitnehmer vereinbart wird.

(2) Der bisherige Arbeitgeber haftet neben dem neuen Inhaber für Verpflichtungen nach Absatz 1, soweit sie vor dem Zeitpunkt des Übergangs entstanden sind und vor Ablauf von einem Jahr nach diesem Zeitpunkt fällig werden, als Gesamtschuldner. Werden solche Verpflichtungen nach dem Zeitpunkt des Übergangs fällig, so haftet der bisherige Arbeitgeber für sie jedoch nur in dem Umfang, der dem im Zeitpunkt des Übergangs abgelaufenen Teil ihres Bemessungszeitraums entspricht.

(3) Absatz 2 gilt nicht, wenn eine juristische Person oder eine Personenhandelsgesellschaft durch Umwandlung erlischt.

(4) Die Kündigung des Arbeitsverhältnisses eines Arbeitnehmers durch den bisherigen Arbeitgeber oder durch den neuen Inhaber wegen des Übergangs eines Betriebs oder eines Betriebsteils ist unwirksam. Das Recht zur Kündigung des Arbeitsverhältnisses aus anderen Gründen bleibt unberührt.

(5) Der bisherige Arbeitgeber oder der neue Inhaber hat die von einem Übergang betroffenen Arbeitnehmer vor dem Übergang in Textform zu unterrichten über:

1. den Zeitpunkt oder den geplanten Zeitpunkt des Übergangs,

2. den Grund für den Übergang,

3. die rechtlichen, wirtschaftlichen und sozialen Folgen des Übergangs für die Arbeitnehmer und

4. die hinsichtlich der Arbeitnehmer in Aussicht genommenen Maßnahmen.

(6) Der Arbeitnehmer kann dem Übergang des Arbeitsverhältnisses innerhalb eines Monats nach Zugang der Unterrichtung nach Absatz 5 schriftlich widersprechen. Der Widerspruch kann gegenüber dem bisherigen Arbeitgeber oder dem neuen Inhaber erklärt werden.

---

* Vom 18. August 1896, in der Fassung der Bekanntmachung vom 2. Januar 2002 (BGBl. I, S. 42, ber. 2909; 2003 I, S. 738), zuletzt geändert durch Artikel 20 des Gesetzes vom 23. November 2007 (BGBl. I, S. 2614 (2616)).

# 4 Genossenschaftsgesetz* (GenG)

(Auszug: § 38 Abs. 1)

§ 38
**Aufgaben des Aufsichtsrats**

(1) Der Aufsichtsrat hat den Vorstand bei dessen Geschäftsführung zu überwachen. Er kann zu diesem Zweck von dem Vorstand jederzeit Auskünfte über alle Angelegenheiten der Genossenschaft verlangen und die Bücher und Schriften der Genossenschaft sowie den Bestand der Genossenschaft und die Bestände an Wertpapieren und Waren einsehen und prüfen. Er kann einzelne seiner Mitglieder beauftragen, die Einsichtnahme und Prüfung durchzuführen. Auch ein einzelnes Mitglied des Aufsichtsrats kann Auskünfte, jedoch nur an den Aufsichtsrat, verlangen. Der Aufsichtsrat hat den Jahresabschluss, den Lagebericht und den Vorschlag für die Verwendung des Jahresüberschusses oder die Deckung des Jahresfehlbetrags zu prüfen; über das Ergebnis der Prüfung hat er der Generalversammlung vor der Feststellung des Jahresabschlusses zu berichten.

---

\*    Vom 16. Oktober 2006 (BGBl. I, S. 2230), zuletzt geändert durch Gesetz vom 3. September 2007 (BGBl. I, S. 2178).

# 5 Umwandlungsgesetz* (UmwG)

(Auszüge: §§ 1-17, 20-21, 25, 27, 122a-122l, 322-325)

### § 1
### Arten der Umwandlung; gesetzliche Beschränkungen

(1) Rechtsträger mit Sitz im Inland können umgewandelt werden

1. durch Verschmelzung;

2. durch Spaltung (Aufspaltung, Abspaltung, Ausgliederung);

3. durch Vermögensübertragung;

4. durch Formwechsel.

(2) Eine Umwandlung im Sinne des Absatzes 1 ist außer in den in diesem Gesetz geregelten Fällen nur möglich, wenn sie durch ein anderes Bundesgesetz oder ein Landesgesetz ausdrücklich vorgesehen ist.

(3) Von den Vorschriften dieses Gesetzes kann nur abgewichen werden, wenn dies ausdrücklich zugelassen ist. Ergänzende Bestimmungen in Verträgen, Satzungen oder Willenserklärungen sind zulässig, es sei denn, dass dieses Gesetz eine abschließende Regelung enthält.

### § 2
### Arten der Verschmelzung

Rechtsträger können unter Auflösung ohne Abwicklung verschmolzen werden

1. im Wege der Aufnahme durch Übertragung des Vermögens eines Rechtsträgers oder mehrerer Rechtsträger (übertragender Rechtsträger) als Ganzes auf einen anderen bestehenden Rechtsträger (übernehmender Rechtsträger) oder

2. im Wege der Neugründung durch Übertragung der Vermögen zweier oder mehrerer Rechtsträger (übertragende Rechtsträger) jeweils als Ganzes auf einen neuen, von ihnen dadurch gegründeten Rechtsträger

gegen Gewährung von Anteilen oder Mitgliedschaften des übernehmenden oder neuen Rechtsträgers an die Anteilsinhaber (Gesellschafter, Partner, Aktionäre, oder Mitglieder) der übertragenden Rechtsträger.

### § 3
### Verschmelzungsfähige Rechtsträger

(1) An Verschmelzungen können als übertragende, übernehmende oder neue Rechtsträger beteiligt sein:

1. Personenhandelsgesellschaften (offene Handelsgesellschaften, Kommanditgesellschaften);

2. Kapitalgesellschaften (Gesellschaften mit beschränkter Haftung, Aktiengesellschaften, Kommanditgesellschaften auf Aktien);

3. eingetragene Genossenschaften;

4. eingetragene Vereine (§ 21 des Bürgerlichen Gesetzbuchs);

5. genossenschaftliche Prüfungsverbände;

6. Versicherungsvereine auf Gegenseitigkeit.

---

\*    Vom 28. Oktober 1994 (BGBl. I, S. 3210; ber. BGBl. I, 1995, S. 428), zuletzt geändert durch Gesetz vom 19. April 2007 (BGBl. I, S. 542).

(2) An einer Verschmelzung können ferner beteiligt sein:

1. wirtschaftliche Vereine (§ 22 des Bürgerlichen Gesetzbuchs), soweit sie übertragender Rechtsträger sind;

2. natürliche Personen, die als Alleingesellschafter einer Kapitalgesellschaft deren Vermögen übernehmen.

(3) An der Verschmelzung können als übertragende Rechtsträger auch aufgelöste Rechtsträger beteiligt sein, wenn die Fortsetzung dieser Rechtsträger beschlossen werden könnte.

(4) Die Verschmelzung kann sowohl unter gleichzeitiger Beteiligung von Rechtsträgern derselben Rechtsform als auch von Rechtsträgern unterschiedlicher Rechtsform erfolgen, soweit nicht etwas anderes bestimmt ist.

## § 4
### Verschmelzungsvertrag

(1) Die Vertretungsorgane der an der Verschmelzung beteiligten Rechtsträger schließen einen Verschmelzungsvertrag. § 311b Abs. 2 des Bürgerlichen Gesetzbuchs gilt für ihn nicht.

(2) Soll der Vertrag nach einem der nach § 13 erforderlichen Beschlüsse geschlossen werden, so ist vor diesem Beschluss ein schriftlicher Entwurf des Vertrags aufzustellen.

## § 5
### Inhalt des Verschmelzungsvertrags

(1) Der Vertrag oder sein Entwurf muss mindestens folgende Angaben enthalten:

1. den Namen oder die Firma und den Sitz der an der Verschmelzung beteiligten Rechtsträger;

2. die Vereinbarung über die Übertragung des Vermögens jedes übertragenden Rechtsträgers als Ganzes gegen Gewährung von Anteilen oder Mitgliedschaften an dem übernehmenden Rechtsträger;

3. das Umtauschverhältnis der Anteile und gegebenenfalls die Höhe der baren Zuzahlung oder Angaben über die Mitgliedschaft bei dem übernehmenden Rechtsträger;

4. die Einzelheiten für die Übertragung der Anteile des übernehmenden Rechtsträgers oder über den Erwerb der Mitgliedschaft bei dem übernehmenden Rechtsträger;

5. den Zeitpunkt, von dem an diese Anteile oder die Mitgliedschaften einen Anspruch auf einen Anteil am Bilanzgewinn gewähren, sowie alle Besonderheiten in Bezug auf diesen Anspruch;

6. den Zeitpunkt, von dem an die Handlungen der übertragenden Rechtsträger als für Rechnung des übernehmenden Rechtsträgers vorgenommen gelten (Verschmelzungsstichtag);

7. die Rechte, die der übernehmende Rechtsträger einzelnen Anteilsinhabern sowie den Inhabern besonderer Rechte wie Anteile ohne Stimmrecht, Vorzugsaktien, Mehrstimmrechtsaktien, Schuldverschreibungen und Genussrechte gewährt, oder die für diese Personen vorgesehenen Maßnahmen;

8. jeden besonderen Vorteil, der einem Mitglied eines Vertretungsorgans oder eines Aufsichtsorgans der an der Verschmelzung beteiligten Rechtsträger, einem geschäftsführenden Gesellschafter, einem Partner, einem Abschlussprüfer oder einem Verschmelzungsprüfer gewährt wird;

9. die Folgen der Verschmelzung für die Arbeitnehmer und ihre Vertretungen sowie die insoweit vorgesehenen Maßnahmen.

(2) Befinden sich alle Anteile eines übertragenden Rechtsträgers in der Hand des übernehmenden Rechtsträgers, so entfallen die Angaben über den Umtausch der Anteile (Absatz 1 Nr. 2 bis 5), soweit sie die Aufnahme dieses Rechtsträgers betreffen.

(3) Der Vertrag oder sein Entwurf ist spätestens einen Monat vor dem Tage der Versammlung der Anteilsinhaber jedes beteiligten Rechtsträgers, die gemäß § 13 Abs. 1 über die Zustimmung zum Verschmelzungsvertrag beschließen soll, dem zuständigen Betriebsrat dieses Rechtsträgers zuzuleiten.

## § 6
### Form des Verschmelzungsvertrags

Der Verschmelzungsvertrag muss notariell beurkundet werden.

## § 7
### Kündigung des Verschmelzungsvertrags

Ist der Verschmelzungsvertrag unter einer Bedingung geschlossen worden und ist diese binnen fünf Jahren nach Abschluss des Vertrages nicht eingetreten, so kann jeder Teil den Vertrag nach fünf Jahren mit halbjähriger Frist kündigen; im Verschmelzungsvertrag kann eine kürzere Zeit als fünf Jahre vereinbart werden. Die Kündigung kann stets nur für den Schluss des Geschäftsjahres des Rechtsträgers, dem gegenüber sie erklärt wird, ausgesprochen werden.

## § 8
### Verschmelzungsbericht

(1) Die Vertretungsorgane jedes der an der Verschmelzung beteiligten Rechtsträger haben einen ausführlichen schriftlichen Bericht zu erstatten, in dem die Verschmelzung, der Verschmelzungsvertrag oder sein Entwurf im Einzelnen und insbesondere das Umtauschverhältnis der Anteile oder die Angaben über die Mitgliedschaft bei dem übernehmenden Rechtsträger sowie die Höhe einer anzubietenden Barabfindung rechtlich und wirtschaftlich erläutert und begründet werden (Verschmelzungsbericht); der Bericht kann von den Vertretungsorganen auch gemeinsam erstattet werden. Auf besondere Schwierigkeiten bei der Bewertung der Rechtsträger sowie auf die Folgen für die Beteiligung der Anteilsinhaber ist hinzuweisen. Ist ein an der Verschmelzung beteiligter Rechtsträger ein verbundenes Unternehmen i.S.d. § 15 des Aktiengesetzes, so sind in dem Bericht auch Angaben über alle für die Verschmelzung wesentlichen Angelegenheiten der anderen verbundenen Unternehmen zu machen. Auskunftspflichten der Vertretungsorgane erstrecken sich auch auf diese Angelegenheiten.

(2) In den Bericht brauchen Tatsachen nicht aufgenommen zu werden, deren Bekanntwerden geeignet ist, einem der beteiligten Rechtsträger oder einem verbundenen Unternehmen einen nicht unerheblichen Nachteil zuzufügen. In diesem Falle sind in dem Bericht die Gründe, aus denen die Tatsachen nicht aufgenommen worden sind, darzulegen.

(3) Der Bericht ist nicht erforderlich, wenn alle Anteilsinhaber aller beteiligten Rechtsträger auf seine Erstattung verzichten oder sich alle Anteile des übertragenden Rechtsträgers in der Hand des übernehmenden Rechtsträgers befinden. Die Verzichtserklärungen sind notariell zu beurkunden.

## § 9
### Prüfung der Verschmelzung

(1) Soweit in diesem Gesetz vorgeschrieben, ist der Verschmelzungsvertrag oder sein Entwurf durch einen oder mehrere sachverständige Prüfer (Verschmelzungsprüfer) zu prüfen.

(2) Befinden sich alle Anteile eines übertragenden Rechtsträgers in der Hand des übernehmenden Rechtsträgers, so ist eine Verschmelzungsprüfung nach Absatz 1 nicht erforderlich, soweit sie die Aufnahme dieses Rechtsträgers betrifft.

(3) § 8 Abs. 3 ist entsprechend anzuwenden.

## § 10
**Bestellung der Verschmelzungsprüfer**

(1) Die Verschmelzungsprüfer werden auf Antrag des Vertretungsorgans vom Gericht ausgewählt und bestellt. Sie können auf gemeinsamen Antrag der Vertretungsorgane für mehrere oder alle beteiligten Rechtsträger gemeinsam bestellt werden. Für den Ersatz von Auslagen und für die Vergütung der vom Gericht bestellten Prüfer gilt § 318 Abs. 5 des Handelsgesetzbuchs.

(2) Zuständig ist jedes Landgericht, in dessen Bezirk ein übertragender Rechtsträger seinen Sitz hat. Ist bei dem Landgericht eine Kammer für Handelssachen gebildet, so entscheidet deren Vorsitzender an Stelle der Zivilkammer.

(3) Auf das Verfahren ist das Gesetz über die Angelegenheiten der freiwilligen Gerichtsbarkeit anzuwenden, soweit in den folgenden Absätzen nichts anderes bestimmt ist.

(4) Die Landesregierung kann die Entscheidung durch Rechtsverordnung für die Bezirke mehrerer Landgerichte einem der Landgerichte übertragen, wenn dies der Sicherung einer einheitlichen Rechtsprechung dient. Die Landesregierung kann die Ermächtigung auf die Landesjustizverwaltung übertragen.

(5) Gegen die Entscheidung findet die sofortige Beschwerde statt. Sie kann nur durch Einreichung einer vom Rechtsanwalt unterzeichneten Beschwerdeschrift eingelegt werden.

(6) Über die Beschwerde entscheidet das Oberlandesgericht. § 28 Abs. 2 und 3 des Gesetzes über die Angelegenheiten der freiwilligen Gerichtsbarkeit gilt entsprechend. Die weitere Beschwerde ist ausgeschlossen.

(7) Die Landesregierung kann die Entscheidung über die Beschwerde durch Rechtsverordnung für die Bezirke mehrerer Oberlandesgerichte einem der Oberlandesgerichte oder dem Obersten Landesgericht übertragen, wenn dies der Sicherung einer einheitlichen Rechtsprechung dient. Die Landesregierung kann die Ermächtigung auf die Landesjustizverwaltung übertragen.

## § 11
**Stellung und Verantwortlichkeit der Verschmelzungsprüfer**

(1) Für die Auswahl und das Auskunftsrecht der Verschmelzungsprüfer gelten § 319 Abs. 1 bis 4, § 319a Abs. 1, § 320 Abs. 1 Satz 2 und Abs. 2 Satz 1 und 2 des Handelsgesetzbuchs entsprechend. Soweit Rechtsträger betroffen sind, für die keine Pflicht zur Prüfung des Jahresabschlusses besteht, gilt Satz 1 entsprechend. Dabei findet § 267 Abs. 1 bis 3 des Handelsgesetzbuchs für die Umschreibung der Größenklassen entsprechende Anwendung. Das Auskunftsrecht besteht gegenüber allen an der Verschmelzung beteiligten Rechtsträgern und gegenüber einem Konzernunternehmen sowie einem abhängigen und einem herrschenden Unternehmen.

(2) Für die Verantwortlichkeit der Verschmelzungsprüfer, ihrer Gehilfen und der bei der Prüfung mitwirkenden gesetzlichen Vertreter einer Prüfungsgesellschaft gilt § 323 des Handelsgesetzbuchs entsprechend. Die Verantwortlichkeit besteht gegenüber den an der Verschmelzung beteiligten Rechtsträgern und deren Anteilsinhabern.

## § 12
**Prüfungsbericht**

(1) Die Verschmelzungsprüfer haben über das Ergebnis der Prüfung schriftlich zu berichten. Der Prüfungsbericht kann auch gemeinsam erstattet werden.

(2) Der Prüfungsbericht ist mit einer Erklärung darüber abzuschließen, ob das vorgeschlagene Umtauschverhältnis der Anteile, gegebenenfalls die Höhe der baren Zuzahlung oder die Mitgliedschaft bei dem übernehmenden Rechtsträger als Gegenwert angemessen ist. Dabei ist anzugeben,

1. nach welchen Methoden das vorgeschlagene Umtauschverhältnis ermittelt worden ist;

2. aus welchen Gründen die Anwendung dieser Methode angemessen ist;

3. welches Umtauschverhältnis oder welcher Gegenwert sich bei der Anwendung verschiedener Methoden, sofern mehrere angewandt worden sind, jeweils ergeben würde; zugleich ist darzulegen, welches Gewicht den verschiedenen Methoden bei der Bestimmung des vorgeschlagenen Umtauschverhältnisses oder des Gegenwerts und der zu Grunde liegenden Werte beigemessen worden ist und welche besonderen Schwierigkeiten bei der Bewertung der Rechtsträger aufgetreten sind.

## § 13
### Beschlüsse über den Verschmelzungsvertrag

(1) Der Verschmelzungsvertrag wird nur wirksam, wenn die Anteilsinhaber der beteiligten Rechtsträger ihm durch Beschluss (Verschmelzungsbeschluss) zustimmen. Der Beschluss kann nur in einer Versammlung der Anteilsinhaber gefasst werden.

(2) Ist die Abtretung der Anteile eines übertragenden Rechtsträgers von der Genehmigung bestimmter einzelner Anteilsinhaber abhängig, so bedarf der Verschmelzungsbeschluss dieses Rechtsträgers zu seiner Wirksamkeit ihrer Zustimmung.

(3) Der Verschmelzungsbeschluss und die nach diesem Gesetz erforderlichen Zustimmungserklärungen einzelner Anteilsinhaber einschließlich der erforderlichen Zustimmungserklärungen nicht erschienener Anteilsinhaber müssen notariell beurkundet werden. Der Vertrag oder sein Entwurf ist dem Beschluss als Anlage beizufügen. Auf Verlangen hat der Rechtsträger jedem Anteilsinhaber auf dessen Kosten unverzüglich eine Abschrift des Vertrags oder seines Entwurfs und der Niederschrift des Beschlusses zu erteilen.

## § 14
### Befristung und Ausschluss von Klagen gegen den Verschmelzungsbeschluss

(1) Eine Klage gegen die Wirksamkeit eines Verschmelzungsbeschlusses muss binnen eines Monats nach der Beschlussfassung erhoben werden.

(2) Eine Klage gegen die Wirksamkeit des Verschmelzungsbeschlusses eines übertragenden Rechtsträgers kann nicht darauf gestützt werden, dass das Umtauschverhältnis der Anteile zu niedrig bemessen ist oder dass die Mitgliedschaft bei dem übernehmenden Rechtsträger kein ausreichender Gegenwert für die Anteile oder die Mitgliedschaft bei dem übertragenden Rechtsträger ist.

## § 15
### Verbesserung des Umtauschverhältnisses

(1) Ist das Umtauschverhältnis der Anteile zu niedrig bemessen oder ist die Mitgliedschaft bei dem übernehmenden Rechtsträger kein ausreichender Gegenwert für den Anteil oder die Mitgliedschaft bei einem übertragenden Rechtsträger, so kann jeder Anteilsinhaber dieses übertragenden Rechtsträgers, dessen Recht, gegen die Wirksamkeit des Verschmelzungsbeschlusses Klage zu erheben, nach § 14 Abs. 2 ausgeschlossen ist, von dem übernehmenden Rechtsträger einen Ausgleich durch bare Zuzahlung verlangen; die Zuzahlungen können den zehnten Teil des auf die gewährten Anteile entfallenden Betrages des Grund- oder Stammkapitals übersteigen. Die angemessene Zuzahlung wird auf Antrag durch das Gericht nach den Vorschriften des Spruchverfahrensgesetzes bestimmt.

(2) Die bare Zuzahlung ist nach Ablauf des Tages, an dem die Eintragung der Verschmelzung in das Register des Sitzes des übernehmenden Rechtsträgers nach § 19 Abs. 3 bekannt gemacht worden ist, mit jährlich zwei vom Hundert über den jeweiligen Diskontsatz der Deutschen Bundesbank zu verzinsen. Die Geltendmachung eines weiteren Schadens ist nicht ausgeschlossen.

## § 16
### Anmeldung der Verschmelzung

(1) Die Vertretungsorgane jedes der an der Verschmelzung beteiligten Rechtsträger haben die Verschmelzung zur Eintragung in das Register (Handelsregister, Partnerschaftsregister, Genossenschaftsregister oder Vereinsregister) des Sitzes ihres Rechtsträgers anzumelden. Das Vertretungsorgan des übernehmenden Rechtsträgers ist berechtigt, die Verschmelzung auch zur Eintragung in das Register des Sitzes jedes der übertragenden Rechtsträger anzumelden.

(2) Bei der Anmeldung haben die Vertretungsorgane zu erklären, dass eine Klage gegen die Wirksamkeit eines Verschmelzungsbeschlusses nicht oder nicht fristgemäß erhoben oder eine solche Klage rechtskräftig abgewiesen oder zurückgenommen worden ist; hierüber haben die Vertretungsorgane dem Registergericht auch nach der Anmeldung Mitteilung zu machen. Liegt die Erklärung nicht vor, so darf die Verschmelzung nicht eingetragen werden, es sei denn, dass die klageberechtigten Anteilsinhaber durch notariell beurkundete Verzichtserklärung auf die Klage gegen die Wirksamkeit des Verschmelzungsbeschlusses verzichten.

(3) Der Erklärung nach Absatz 2 Satz 1 steht es gleich, wenn nach Erhebung einer Klage gegen die Wirksamkeit eines Verschmelzungsbeschlusses das für diese Klage zuständige Prozessgericht auf Antrag eines Rechtsträgers, gegen dessen Verschmelzungsbeschluss sich die Klage richtet, durch rechtskräftigen Beschluss festgestellt hat, dass die Erhebung der Klage der Eintragung nicht entgegensteht. Der Beschluss nach Satz 1 darf nur ergehen, wenn die Klage der Eintragung nicht entgegensteht. Der Beschluss nach Satz 1 darf nur ergehen, wenn die Klage gegen die Wirksamkeit des Verschmelzungbeschlusses unzulässig oder offensichtlich unbegründet ist oder wenn das alsbaldige Wirksamwerden der Verschmelzung nach freier Überzeugung des Gerichts unter Berücksichtigung der Schwere der mit der Klage geltend gemachten Rechtsverletzungen zur Abwendung der vom Antragsteller dargelegten wesentlichen Nachteile für die an der Verschmelzung beteiligten Rechtsträger und ihre Anteilsinhaber vorrangig erscheint. Der Beschluss kann in dringenden Fällen ohne mündliche Verhandlung ergehen. Der Beschluss soll spätestens drei Monate nach Antragstellung ergehen; Verzögerungen der Entscheidung sind durch unanfechtbaren Beschluss zu begründen. Die vorgebrachten Tatsachen, aufgrund derer der Beschluss nach Satz 2 ergehen kann, sind glaubhaft zu machen. Gegen den Beschluss findet die sofortige Beschwerde statt. Die Rechtsbeschwerde ist ausgeschlossen. Erweist sich die Klage als begründet, so ist der Rechtsträger, der den Beschluss erwirkt hat, verpflichtet, dem Antragsgegner den Schaden zu ersetzen, der ihm aus einer auf den Beschluss beruhenden Eintragung der Verschmelzung entstanden ist; als Ersatz des Schadens kann nicht die Beseitigung der Wirkungen der Eintragung der Verschmelzung im Register des Sitzes des übernehmenden Rechtsträgers verlangt werden.

## § 17
### Anlagen der Anmeldung

(1) Der Anmeldung sind in Ausfertigung oder öffentlich beglaubigter Abschrift oder, soweit sie nicht notariell zu beurkunden sind, in Urschrift oder Abschrift der Verschmelzungsvertrag, die Niederschriften der Verschmelzungsbeschlüsse, die nach diesem Gesetz erforderlichen Zustimmungserklärungen einzelner Anteilsinhaber einschließlich der Zustimmungserklärungen nicht erschienener Anteilsinhaber, der Verschmelzungsbericht, der Prüfungsbericht oder die Verzichtserklärungen nach § 8 Abs. 3, § 9 Abs. 3, 54 Abs. 1 Satz 3 oder § 68 Abs. 1 Satz 3, ein Nachweis über die rechtzeitige Zuleitung des Verschmelzungsvertrages oder seines Entwurfs an den zuständigen Betriebsrat sowie, wenn die Verschmelzung der staatlichen Genehmigung bedarf, die Genehmigungsurkunde beizufügen.

(2) Der Anmeldung zum Register des Sitzes jedes der übertragenden Rechtsträger ist ferner eine Bilanz dieses Rechtsträgers beizufügen (Schlussbilanz). Für diese Bilanz gelten die Vorschriften über die Jahresbilanz und deren Prüfung entsprechend. Sie braucht nicht bekannt gemacht zu werden. Das Registergericht darf die Verschmelzung nur eintragen, wenn die Bilanz auf einen höchstens acht Monate vor der Anmeldung liegenden Stichtag aufgestellt worden ist.

## § 20
## Wirkungen der Eintragung

(1) Die Eintragung der Verschmelzung in das Register des Sitzes des übernehmenden Rechtsträgers hat folgende Wirkungen:

1. Das Vermögen der übertragenden Rechtsträger geht einschließlich der Verbindlichkeiten auf den übernehmenden Rechtsträger über.

2. Die übertragenden Rechtsträger erlöschen. Einer besonderen Löschung bedarf es nicht.

3. Die Anteilsinhaber der übertragenden Rechtsträger werden Anteilsinhaber des übernehmenden Rechtsträgers; dies gilt nicht, soweit der übernehmende Rechtsträger oder ein Dritter, der im eigenen Namen, jedoch für Rechnung dieses Rechtsträgers handelt, Anteilsinhaber des übertragenden Rechtsträgers ist oder der übertragende Rechtsträger eigene Anteile innehat oder ein Dritter, der im eigenen Namen, jedoch für Rechnung dieses Rechtsträgers handelt, dessen Anteilsinhaber ist. Rechte Dritter an den Anteilen oder Mitgliedschaften der übertragenden Rechtsträger bestehen an den an ihre Stelle tretenden Anteilen oder Mitgliedschaften des übernehmenden Rechtsträgers weiter.

4. Der Mangel der notariellen Beurkundung des Verschmelzungsvertrags und gegebenenfalls erforderlicher Zustimmungs- oder Verzichtserklärungen einzelner Anteilsinhaber wird geheilt.

(2) Mängel der Verschmelzung lassen die Wirkungen der Eintragung nach Absatz 1 unberührt.

## § 21
## Wirkung auf gegenseitige Verträge

Treffen bei einer Verschmelzung aus gegenseitigen Verträgen, die zur Zeit der Verschmelzung von keiner Seite vollständig erfüllt sind, Abnahme-, Lieferungs- oder ähnliche Verpflichtungen zusammen, die miteinander unvereinbar sind oder die beide zu erfüllen eine schwere Unbilligkeit für den übernehmenden Rechtsträger bedeuten würde, so bestimmt sich der Umfang der Verpflichtungen nach Billigkeit unter Würdigung der vertraglichen Rechte aller Beteiligten.

## § 25
## Schadenersatzpflicht der Verwaltungsträger der übertragenden Rechtsträger

(1) Die Mitglieder des Vertretungsorgans und, wenn ein Aufsichtsorgan vorhanden ist, des Aufsichtsorgans eines übertragenden Rechtsträgers sind als Gesamtschuldner zum Ersatz des Schadens verpflichtet, den dieser Rechtsträger, seine Anteilsinhaber oder seine Gläubiger durch die Verschmelzung erleiden. Mitglieder der Organe, die bei der Prüfung der Vermögenslage der Rechtsträger und beim Abschluss des Verschmelzungsvertrags ihre Sorgfaltspflicht beobachtet haben, sind von der Ersatzpflicht befreit.

(2) Für diese Ansprüche sowie weitere Ansprüche, die sich für und gegen den übertragenden Rechtsträger nach den allgemeinen Vorschriften auf Grund der Verschmelzung ergeben, gilt dieser Rechtsträger als fortbestehend. Forderungen und Verbindlichkeiten vereinigen sich insoweit durch die Verschmelzung nicht.

(3) Die Ansprüche aus Absatz 1 verjähren in fünf Jahren seit dem Tage, an dem die Eintragung der Verschmelzung in das Register des Sitzes des übernehmenden Rechtsträgers nach § 19 Abs. 3 bekannt gemacht worden ist.

## § 27
## Schadenersatzpflicht der Verwaltungsträger des übernehmenden Rechtsträgers

Ansprüche auf Schadenersatz, die sich auf Grund der Verschmelzung gegen ein Mitglied des Vertretungsorgans oder, wenn ein Aufsichtsorgan vorhanden ist, des Aufsichtsorgans des übernehmenden Rechtsträgers ergeben, verjähren in fünf Jahren seit dem Tage, an dem die Eintragung der Verschmelzung in das Register des Sitzes des übernehmenden Rechtsträgers nach § 19 Abs. 3 bekannt gemacht worden ist.

## § 122a
### Grenzüberschreitende Verschmelzung

(1) Eine grenzüberschreitende Verschmelzung ist eine Verschmelzung, bei der mindestens eine der beteiligten Gesellschaften dem Recht eines anderen Mitgliedstaats der Europäischen Union oder eines anderen Vertragsstaats des Abkommens über den europäischen Wirtschaftsraum unterliegt.

(2) Auf die Beteiligung einer Kapitalgesellschaft (§ 3 Abs. 1 Nr. 2) an einer grenzüberschreitenden Verschmelzung sind die Vorschriften des Ersten Teils und des Zweiten, Dritten und Vierten Abschnitts des Zweiten Teils entsprechend anzuwenden, soweit sich aus diesem Abschnitt nichts anderes ergibt.

## § 122b
### Verschmelzungsfähige Gesellschaften

(1) An einer grenzüberschreitenden Verschmelzung können als übertragende, übernehmende oder neue Gesellschaften nur Kapitalgesellschaften im Sinne des Artikels 2 Nr. 1 der Richtlinie 2005/56/EG des Europäischen Parlaments und des Rates vom 26. Oktober 2005 über die Verschmelzung von Kapitalgesellschaften aus verschiedenen Mitgliedstaaten (Abl. EU Nr. L 310 S. 1) beteiligt sein, die nach dem Recht des Mitgliedstaats der Europäischen Union oder eines anderen Vertragsstaats des Abkommens über den Europäischen Wirtschaftsraum gegründet worden sind und ihren satzungsmäßigen Sitz, ihre Hauptverwaltung oder ihre Hauptniederlassung in einem Mitgliedstaat der Europäischen Union oder einem anderen Vertragsstaat des Abkommens über den Europäischen Wirtschaftsraum haben.

(2) An einer grenzüberschreitenden Verschmelzung können nicht beteiligt sein:

1. Genossenschaften, selbst wenn sie nach dem Recht eines anderen Mitgliedstaats der Europäischen Union oder eines anderen Vertragsstaats des Abkommens über den Europäischen Wirtschaftsraum unter die Definition des Artikel 2 Nr. 1 der Richtlinie fallen;

2. Gesellschaften, deren Zweck es ist, die vom Publikum bei ihnen eingelegten Gelder nach dem Grundsatz der Risikostreuung gemeinsam anzulegen und deren Anteile auf Verlangen der Anteilsinhaber unmittelbar oder mittelbar zulasten des Vermögens dieser Gesellschaft zurückgenommen oder ausgezahlt werden. Diesen Rücknahmen oder Auszahlungen gleichgestellt sind Handlungen, mit denen eine solche Gesellschaft sicherstellen will, dass der Börsenwert ihrer Anteile nicht erheblich von deren Nettoinventarwert abweicht.

## § 122c
### Verschmelzungsplan

(1) Das Vertretungsorgan einer beteiligten Gesellschaft stellt zusammen mit den Vertretungsorganen der übrigen beteiligten Gesellschaften einen gemeinsamen Verschmelzungsplan auf.

(2) Der Verschmelzungsplan oder sein Entwurf muss mindestens folgende Angaben enthalten:

1. Rechtsform, Firma und Sitz der übertragenden und übernehmenden oder neuen Gesellschaft,

2. das Umtauschverhältnis der Gesellschaftsanteile und gegebenenfalls die Höhe der baren Zuzahlungen,

3. die Einzelheiten hinsichtlich der Übertragung der Gesellschaftsanteile der übernehmenden oder neuen Gesellschaft,

4. die voraussichtlichen Auswirkungen der Verschmelzung auf die Beschäftigung,

5. den Zeitpunkt, von dem an die Gesellschaftsanteile deren Inhabern das Recht auf Beteiligung am Gewinn gewähren, sowie alle Besonderheiten, die eine Auswirkung auf dieses Recht haben,

6. den Zeitpunkt, von dem an die Handlungen der übertragenden Gesellschaften unter dem Gesichtspunkt der Rechnungslegung als für Rechnung der übernehmenden oder neuen Gesellschaft vorgenommen gelten (Verschmelzungsstichtag),

7. die Rechte, die die übernehmende oder neue Gesellschaft den mit Sonderrechten ausgestatteten Gesellschaftern und den Inhabern von anderen Wertpapieren als Gesellschaftsanteilen gewährt, oder die für diese Personen vorgeschlagenen Maßnahmen,

8. etwaige besondere Vorteile, die den Sachverständigen, die den Verschmelzungsplan prüfen, oder den Mitgliedern der Verwaltungs-, Leistungs-, Aufsichts- oder Kontrollorgane der an der Verschmelzung beteiligten Gesellschaften gewährt werden,

9. die Satzung der übernehmenden oder neuen Gesellschaft,

10. gegebenenfalls Angaben zu dem Verfahren, nach dem die Einzelheiten über die Beteiligung der Arbeitnehmer an der Festlegung ihrer Mitbestimmungsrechte in der aus der grenzüberschreitenden Verschmelzung hervorgehenden Gesellschaft geregelt werden,

11. Angaben zur Bewertung des Aktiv- und Passivvermögens, das auf die übernehmende oder neue Gesellschaft übertragen wird,

12. den Stichtag der Bilanzen der an der Verschmelzung beteiligten Gesellschaften, die zur Festlegung der Bedingungen der Verschmelzung verwendet werden.

(3) Befinden sich alle Anteile einer übertragenden Gesellschaft in der Hand der übernehmenden Gesellschaft, so entfallen die Angaben über den Umtausch der Anteile (Absatz 2 Nr. 2, 3 und 5), soweit sie die Aufnahme dieser Gesellschaft betreffen.

(4) Der Verschmelzungsplan muss notariell beurkundet werden.

## § 122d
## Bekanntmachung des Verschmelzungsplans

Der Verschmelzungsplan oder sein Entwurf ist spätestens einen Monat vor der Versammlung der Anteilsinhaber, die nach § 13 über die Zustimmung zum Verschmelzungsplan beschließen soll, zum Register einzureichen. Das Gericht hat in der Bekanntmachung nach § 10 des Handelsgesetzbuchs unverzüglich die folgenden Angaben zu machen:

1. einen Hinweis darauf, dass der Verschmelzungsplan oder sein Entwurf beim Handelsregister eingereicht worden ist,

2. Rechtsform, Firma und Sitz der an der grenzüberschreitenden Verschmelzung beteiligten Gesellschaften,

3. die Register, bei denen die an der grenzüberschreitenden Verschmelzung beteiligten Gesellschaften eingetragen sind, sowie die jeweilige Nummer der Eintragung,

4. einen Hinweis auf die Modalitäten für die Ausübung der Rechte der Gläubiger und der Minderheitsgesellschafter der an der grenzüberschreitenden Verschmelzung beteiligten Gesellschaften sowie die Anschrift, unter der vollständige Auskünfte über diese Modalitäten kostenlos eingeholt werden können. Die bekannt zu machenden Angaben sind dem Register bei Einreichung des Verschmelzungsplans oder seines Entwurfs mitzuteilen.

## § 122e
## Verschmelzungsbericht

Im Verschmelzungsbericht nach § 8 sind auch die Auswirkungen der grenzüberschreitenden Verschmelzung auf die Gläubiger und Arbeitnehmer der an der Verschmelzung beteiligten Gesellschaft zu erläutern. Der Verschmelzungsbericht ist den Anteilsinhabern sowie dem zuständigen Betriebsrat oder, falls es keinen Betriebsrat gibt, den Arbeitnehmern der an der grenzüberschreitenden Verschmelzung beteiligten Gesellschaft spätestens einen Monat vor der Versammlung der Anteilsinhaber, die nach § 13 über die Zustimmung zum Verschmelzungsplan beschließen soll, nach § 63 Abs. 1 Nr. 4 zugänglich zu machen. § 8 Abs. 3 ist nicht anzuwenden.

## § 122f
### Verschmelzungsprüfung

Der Verschmelzungsplan oder sein Entwurf ist nach den §§ 9 bis 12 zu prüfen; § 48 ist nicht anzuwenden. Der Prüfungsbericht muss spätestens einen Monat vor der Versammlung der Anteilsinhaber, die nach § 13 über die Zustimmung zum Verschmelzungsplan beschließen soll, vorliegen.

## § 122g
### Zustimmung der Anteilsinhaber

(1) Die Anteilsinhaber können ihre Zustimmung nach § 13 davon abhängig machen, dass die Art und Weise der Mitbestimmung der Arbeitnehmer der übernehmenden oder neuen Gesellschaft ausdrücklich von ihnen bestätigt wird.

(2) Befinden sich alle Anteile einer übertragenden Gesellschaft in der Hand der übernehmenden Gesellschaft, so ist ein Verschmelzungsbeschluss der Anteilsinhaber der übertragenden Gesellschaft nicht erforderlich.

## § 122h
### Verbesserung des Umtauschverhältnisses

(1) § 14 Abs. 2 und § 15 gelten für die Anteilsinhaber einer übertragenden Gesellschaft nur, sofern die Anteilsinhaber der an der grenzüberschreitenden Verschmelzung beteiligten Gesellschaften, die dem Recht eines anderen Mitgliedstaats der Europäischen Union oder eines anderen Vertragsstaats des Abkommens über den Europäischen Wirtschaftsraum unterliegen, dessen Rechtsvorschriften ein Verfahren zur Kontrolle und Änderung des Umtauschverhältnisses der Anteile nicht vorsehen, im Verschmelzungsbeschluss ausdrücklich zustimmen.

(2) § 15 gilt auch für Anteilsinhaber einer übertragenden Gesellschaft, die dem Recht eines anderen Mitgliedstaats der Europäischen Union oder eines anderen Vertragsstaats des Abkommens über den Europäischen Wirtschaftsraum unterliegt, wenn nach dem Recht dieses Staates ein Verfahren zur Kontrolle und Änderung des Umtauschverhältnisses der Anteile vorgesehen ist und deutsche Gerichte für die Durchführung eines solchen Verfahrens international zuständig sind.

## § 122i
### Abfindungsangebot im Verschmelzungsplan

(1) Unterliegt die übernehmende oder neue Gesellschaft nicht dem deutschen Recht, hat die übertragende Gesellschaft im Verschmelzungsplan oder in seinem Entwurf jedem Anteilsinhaber, der gegen den Verschmelzungsbeschluss der Gesellschaft Widerspruch zur Niederschrift erklärt, den Erwerb seiner Anteile gegen eine angemessene Barabfindung anzubieten. Die Vorschriften des Aktiengesetzes über den Erwerb eigener Aktien sowie des Gesetzes betreffend die Gesellschaften mit beschränkter Haftung über den Erwerb eigener Geschäftsanteile gelten entsprechend, jedoch sind § 71 Abs. 4 Satz 2 des Aktiengesetzes und § 33 Abs. 2 Satz 3 zweiter Halbsatz erste Alternative des Gesetzes betreffend die Gesellschaften mit beschränkter Haftung insoweit nicht anzuwenden. § 29 Abs. 1 Satz 4 und 5 sowie Abs. 2 und die §§ 30, 31 und 33 gelten entsprechend.

(2) Die §§ 32 und 34 gelten für die Anteilsinhaber einer übertragenden Gesellschaft nur, sofern die Anteilsinhaber der an der grenzüberschreitenden Verschmelzung beteiligten Gesellschaften, die dem Recht eines anderen Mitgliedstaats der Europäischen Union oder eines anderen Vertragsstaats des Abkommens über den Europäischen Wirtschaftsraum unterliegen, dessen Rechtsvorschriften ein Verfahren zur Abfindung von Minderheitsgesellschaftern nicht vorsehen, im Verschmelzungsbeschluss ausdrücklich zustimmen. § 34 gilt auch für Anteilsinhaber einer übertragenden Gesellschaft, die dem Recht eines anderen Mitgliedstaats der Europäischen Union oder eines anderen Vertragsstaats des Abkommens über den Europäischen Wirtschaftsraum unterliegt, wenn nach dem Recht dieses Staates ein Verfahren zur Abfindung von Minderheitsgesellschaftern vorgesehen ist und deutsche Gerichte für die Durchführung eines solchen Verfahrens international zuständig sind.

## § 122j
### Schutz der Gläubiger der übertragenden Gesellschaft

(1) Unterliegt die übernehmende oder neue Gesellschaft nicht dem deutschen Recht, ist den Gläubigern einer übertragenden Gesellschaft Sicherheit zu leisten, soweit sie nicht Befriedigung verlangen können. Dieses Recht steht den Gläubigern jedoch nur zu, wenn sie binnen zwei Monaten nach dem Tag, an dem der Verschmelzungsplan oder sein Entwurf bekannt gemacht worden ist, ihren Anspruch nach Grund und Höhe schriftlich anmelden und glaubhaft machen, dass durch die Verschmelzung die Erfüllung ihrer Forderung gefährdet wird.

(2) Das Recht auf Sicherheitsleistung nach Absatz 1 steht Gläubigern nur im Hinblick auf solche Forderungen zu, die vor oder bis zu 15 Tage nach Bekanntmachung des Verschmelzungsplans oder seines Entwurfs entstanden sind.

## § 122k
### Verschmelzungsbescheinigung

(1) Das Vertretungsorgan einer übertragenden Gesellschaft hat das Vorliegen der sie betreffenden Voraussetzungen für die grenzüberschreitende Verschmelzung zur Eintragung bei dem Register des Sitzes der Gesellschaft anzumelden. § 16 Abs. 2 und 3 und § 17 gelten entsprechend. Die Mitglieder des Vertretungsorgans haben eine Versicherung abzugeben, dass allen Gläubigern, die nach § 122j einen Anspruch auf Sicherheitsleistung haben, eine angemessene Sicherheit geleistet wurde.

(2) Das Gericht prüft, ob für die Gesellschaft die Voraussetzungen für die grenzüberschreitende Verschmelzung vorliegen, und stellt hierüber unverzüglich eine Bescheinigung (Verschmelzungsbescheinigung) aus. Als Verschmelzungsbescheinigung gilt die Nachricht über die Eintragung der Verschmelzung im Register. Die Eintragung ist mit dem Vermerk zu versehen, dass die grenzüberschreitende Verschmelzung unter den Voraussetzungen des Rechts des Staates, dem die übernehmende oder neue Gesellschaft unterliegt, wirksam wird. Die Verschmelzungsbescheinigung darf nur ausgestellt werden, wenn eine Versicherung nach Absatz 1 Satz 3 vorliegt. Ist ein Spruchverfahren anhängig, ist dies in der Verschmelzungsbescheinigung anzugeben.

(3) Das Vertretungsorgan der Gesellschaft hat die Verschmelzungsbescheinigung innerhalb von sechs Monaten nach ihrer Ausstellung zusammen mit dem Verschmelzungsplan der zuständigen Stelle des Staates vorzulegen, dessen Recht die übernehmende oder neue Gesellschaft unterliegt.

(4) Nach Eingang einer Mitteilung des Registers, in dem die übernehmende oder neue Gesellschaft eingetragen ist, über das Wirksamwerden der Verschmelzung hat das Gericht des Sitzes der übertragenden Gesellschaft den Tag des Wirksamwerdens zu vermerken und die bei ihm aufbewahrten elektronischen Dokumente diesem Register zu übermitteln.

## § 122l
### Eintragung der grenzüberschreitenden Verschmelzung

(1) Bei einer Verschmelzung durch Aufnahme hat das Vertretungsorgan der übernehmenden Gesellschaft die Verschmelzung und bei einer Verschmelzung durch Neugründung haben die Vertretungsorgane der übertragenden Gesellschaften die neue Gesellschaft zur Eintragung in das Register des Sitzes der Gesellschaft anzumelden. Der Anmeldung sind die Verschmelzungsbescheinigungen aller übertragenden Gesellschaften, der gemeinsame Verschmelzungsplan und gegebenenfalls die Vereinbarung über die Beteiligung der Arbeitnehmer beizufügen. Die Verschmelzungsbescheinigungen dürfen nicht älter als sechs Monate sein; § 16 Abs. 2 und 3 und § 17 finden auf die übertragenden Gesellschaften keine Anwendung.

(2) Die Prüfung der Eintragungsvoraussetzungen erstreckt sich insbesondere darauf, ob die Anteilsinhaber aller an der grenzüberschreitenden Verschmelzung beteiligten Gesellschaften einem gemeinsamen, gleichlautenden Verschmelzungsplan zugestimmt haben und ob gegebenenfalls eine Vereinbarung über die Beteiligung der Arbeitnehmer geschlossen worden ist.

(3) Das Gericht des Sitzes der übernehmenden oder neuen Gesellschaft hat den Tag der Eintragung der Verschmelzung von Amts wegen jedem Register mitzuteilen, bei dem eine der übertragenden Gesellschaften ihre Unterlagen zu hinterlegen hatte.

## § 322
### Gemeinsamer Betrieb

Führen an einer Spaltung oder an einer Teilübertragung nach dem Dritten oder Vierten Buch beteiligte Rechtsträger nach dem Wirksamwerden der Spaltung oder der Teilübertragung einen Betrieb gemeinsam, gilt dieser als Betrieb i.S.d. Kündigungsschutzrechts.

## § 323
### Kündigungsrechtliche Stellung

(1) Die kündigungsrechtliche Stellung eines Arbeitnehmers, der vor dem Wirksamwerden einer Spaltung oder Teilübertragung nach dem Dritten oder Vierten Buch zu dem übertragenden Rechtsträger in einem Arbeitsverhältnis steht, verschlechtert sich auf Grund der Spaltung oder Teilübertragung für die Dauer von zwei Jahren ab dem Zeitpunkt ihres Wirksamwerdens nicht.

(2) Kommt bei einer Verschmelzung, Spaltung oder Vermögensübertragung ein Interessenausgleich zustande, in dem diejenigen Arbeitnehmer namentlich bezeichnet werden, die nach der Umwandlung einem bestimmten Betrieb oder Betriebsteil zugeordnet werden, so kann die Zuordnung der Arbeitnehmer durch das Arbeitsgericht nur auf grobe Fehlerhaftigkeit überprüft werden.

## § 324
### Rechte und Pflichten bei Betriebsübergang

§ 613a Abs. 1, 4 bis 6 des Bürgerlichen Gesetzbuchs bleibt durch die Wirkungen der Eintragung einer Verschmelzung, Spaltung oder Vermögensübertragung unberührt.

## § 325
### Mitbestimmungsbeibehaltung

(1) Entfallen durch Abspaltung oder Ausgliederung im Sinne des § 123 Abs. 2 und 3 bei einem übertragenden Rechtsträger die gesetzlichen Voraussetzungen für die Beteiligung der Arbeitnehmer im Aufsichtsrat, so finden die vor der Spaltung geltenden Vorschriften noch für einen Zeitraum von fünf Jahren nach dem Wirksamwerden der Abspaltung oder Ausgliederung Anwendung. Dies gilt nicht, wenn die betreffenden Vorschriften eine Mindestzahl von Arbeitnehmern voraussetzen und die danach berechnete Zahl der Arbeitnehmer des übertragenden Rechtsträgers auf weniger als in der Regel ein Viertel dieser Mindestzahl sinkt.

(2) Hat die Spaltung oder Teilübertragung eines Rechtsträgers die Spaltung eines Betriebes zur Folge und entfallen für die aus der Spaltung hervorgegangenen Betriebe Rechte oder Beteiligungsrechte des Betriebsrats, so kann durch Betriebsvereinbarung oder Tarifvertrag die Fortgeltung dieser Rechte und Beteiligungsrechte vereinbart werden. Die §§ 9 und 27 des Betriebsverfassungsgesetzes bleiben unberührt.

# Stichwortverzeichnis

*Die Zahlen verweisen auf die Randnummern.*